日本経済の軌跡と明日

―高度成長から令和新時代まで―

加納正二著

三惠社

はじめに

　本書の目的は、高度経済成長から令和新時代までの日本経済を概観した上で、令和新時代について考察することにある。

　戦後が終わり、日本が新たな時代を迎えた高度経済成長時代は、現代の日本経済を考察する上で重要なスタート地点といえよう。

　高度経済成長時代、オイルショック、高度経済成長の終焉、バブル発生、バブル崩壊という時代の流れとともに、日本的企業システムや日本的雇用慣行、メインバンク制度などはその姿を変えていった。

　そして新たな令和はどんな時代であろうか。現代は VUCA の時代だと言われる。4 文字のアルファベットは、それぞれ次の言葉を意味する。

Volatility：変動性
Uncertainty：不確実性
Complexity：複雑性
Ambiguity：曖昧性

　一言で言えば、令和新時代は曖昧模糊とした不透明な時代ということだ。将来は楽観的に予測することも悲観的に予測することもいずれも可能だ。

　しかし、未来は予測するものではなく、我々自身が創るものだと考えたい。

　本書が明るい令和新時代を築く一助になれば幸いである。なお、筆者は現在、地方の大学に勤務していることもあり、本書では「地方」をテーマにした記述が多く含まれている。

令和 2 年　我が家の庭で山茶花、椿、梅が揃って咲く季節
　　　　　　　自宅茶梅庵（さばいあん）にて　　　加納正二

目次

第 1 章　経済学の基礎知識　1

第 2 章　高度経済成長　5

第 3 章　高度経済成長の終焉　9

第 4 章　メインバンクシステム　13

第 5 章　バブル　23

第 6 章　伝統的な日本的経営　29

第 7 章　日本型雇用慣行の変化と非正規雇用　33

第 8 章　人口構造の変化　37

第 9 章　所得格差と貧困問題　40

第 10 章　財政健全化　43

第 11 章　異次元の金融政策　45

第 12 章　まち・ひと・しごと創生　49

第 13 章　地域内経済の循環　57

第 14 章　地方創生と農業　60

第 15 章　地方創生と観光業　62

第 16 章　地方創生とソーシャルビジネス　64

第 17 章　環境と経済　67

第 18 章　ESG と SDGs　72

第 19 章　資源エネルギー　77

第 20 章　地方創生とエネルギー　83

第 21 章　地域密着型金融　87

第 22 章　令和新時代の地域金融機関の戦略　109

第 23 章　シェアリングエコノミー　123

第 24 章　ギグエコノミー　129

第 25 章　働き方改革　132

第 26 章　イノベーション　137

第 27 章　ビジネス・エコシステムとティール組織　144

初出一覧　183

参考文献　184

第1章　経済学の基礎知識

　本章では、経済学の基礎的な知識を整理しておこう。

　地球上の資源（経済財、希少財）は有限である。しかるに人間の欲望は無限だ。そこで、希少財の最適配分や効率的な資源配分が必要になってくる。ここに経済学の意義がある。

　経済学はどのように誕生し、今日の経済学になったのか、概観してみよう。

　18世紀後半からイギリスで経済活動に機械や動力が導入され、機械制工場が展開した。これを契機に経済のありかたや社会構造が根本的に転換し、人々の生活も一変した。これが産業革命である。

　機械や土地のような生産手段（資本）を所有する資本家が労働者を賃金で雇って市場向けの生産を行うことを資本主義というが、資本主義は産業革命により一層発展した。
このような時代に経済学は誕生した。

　イギリスのアダム・スミス（1723-1790）は経済学の父とされる。重農主義者のケネーやテュルゴーが唱えた自由放任主義は、アダム・スミスによって発展した。

　スミスは『国富論』（1776）で、個人の自由な経済活動が自然の秩序にかなうとし、「見えざる手」を通じて、個々人の利己心の追求が、経済社会全体としては、最適な資源配分を可能にするとした。

　スミスは古典派経済学の基礎を築き、産業革命を支える思想的背景となった。

市場経済を「神の見えざる手」に導かれる「予定調和」の秩序と見たのである。

　しかし、市場調整機能だけでは、不完全雇用均衡の成立を説明できなかった。イギリスのケインズ（1883-1946）は、一国の総雇用量は総産出量に応じて決まり、総産出量は総需要量によって決まる、すなわち、総雇用量を決めるのは有効需要であるとする考え方（有効需要の原理）を確立した。

　したがって完全雇用の実現のためには、経済への積極的介入による有効需要の創出が必要であるとした。つまり、財政政策・金融政策が必要ということである。これが今日のマクロ経済分析につながってゆく。

　ケインズの考えは従来の市場経済による予定調和の考え方を覆し、「ケインズ革命」と称される。

　経済を構成する単位を主体と呼び、家計、企業、政府を経済の3主体という。3主体は相互に関連がある。

　家計とは、企業に労働を提供し、それにより得た所得を支出（消費）し、財・サービスを購入する主体である。家計は消費主体ともいう。

　これに対し、企業は労働者を雇用し、生産を行い、財・サービスを供給する主体である。企業は生産主体ともいわれる。なお、経済学で考える「企業」とは一般的にイメージする「会社」とは限らない。農家もコメ・果実・野菜などを生産する主体であるから、経済の3主体の「企業」の分類に入る。

　政府は、家計・企業から租税を徴収し、国防、道路、学校等の公共財を提供する主体である。政府は中央政府のみならず、地方政府も含まれる。

　経済の3主体の支出は名称が異なる。それぞれの経済主体が、仮に同一車種の車を購入したとしよう。同じ車に対する支出であるが、家計の場合は消費といい、企業の場合は投資といい、政府の場合は政府支出と呼ぶ。

　経済学は通常、マクロ経済学とミクロ経済学に大別される。両者は

別の経済学ではなく、分析の方法が異なる。

　比喩でいうならば、山の植物について分析する際、ヘリコプターに乗って上空から山の植物分布を鳥瞰するのが、マクロ経済学であり、特定の種類の木を一本一本歩きながら細かく観察するのがミクロ経済学の手法といえよう。

　マクロ経済学の分析では、資源配分の問題を日本経済、アメリカ経済、アジア経済というように一国単位で考える。個々の家計や企業の集合体としてのマクロ経済の活動水準が問題になり、個々の経済主体の分析は捨象される。GDP（国内総生産）、投資、貯蓄、物価など社会全体の経済活動の法則を解明する。景気の動き、経済政策、経済成長など経済全体の大きな動きについて分析する。失業やインフレ、財政赤字や政府債務、経済成長、為替レートの問題の分析などがあろう。

　マクロ経済学で重要な概念にGDPがある。

　GDP（Gross Domestic Product）とは国内総生産と訳され、1年間に、その国で生産された財・サービスの総額から、中間生産物を差し引いたものである。つまり付加価値の合計である。日本は円表示であるし、米国はドル表示というように貨幣価値で総合計したものである。

　日本のGDPの計算には、日本国内のすべての生産活動が含まれ、外資系企業か日本企業かどうかや、企業経営者や従業員の国籍は関係がない。

　GDPは上記のように生産面からとらえるだけでなく、分配面からみたGDPや支出面からみたGDPがある。事後的には、国内総生産は分配、支出、いずれの側面からみても同じ値になる。これを三面等価の原則という。

　分配面からみたGDPとは、賃金・利潤・地代など様々な所得の合計である。支出面からみたGDPとは、消費、投資、政府支出、（輸出—輸入）となる。

　GDPには名目GDPと実質GDPがある。普通、実質GDPの変

化率のことを経済成長率という。

　国の豊かさの指標としては、GDP を人口で除した「一人当たりの GDP」が用いられる。

　ミクロ経済学では、個々の家計や企業の意思決定、たとえば、得られた所得をどれだけ、個々の財の購入にあてるか、企業であれば労働者を何人雇用して何をどれだけ生産するのか、というような問題を検討する。

　それぞれの経済主体が決定した需要量・供給量に従って価格がどの水準で決まるのか、市場価格の決定を分析する。さらに価格メカニズムの役割やその限界について明らかにする。個々の市場、たとえば労働市場、為替市場、米の市場などの需要などの需要や供給について分析する学問である。

　研究対象による経済学の分類には、金融論、財政学、公共経済学、労働経済学、国際経済学、環境経済学、計量経済学、経済史、経済学史、農業経済学、行動経済学など様々である。

　ちなみに日本で「経済」の語源は「経世済民」である。経世済民とは、「世を経（おさ）め、民を済（すく）う」の意味である。太宰春台『経済録』によれば、「天下国家を治むるを経済という」と記されており、どちらかといえば「政治」の意味であった。

　本書では、マクロ経済学・ミクロ経済学の区別や、研究対象にとらわれずに広く日本経済にかかわること、さらに日本の経営に関することに言及する。

第2章　高度経済成長

　日本は 1945 年（昭和 20 年）、ポツダム宣言を受諾し、第二次世界大戦が終結する。戦後、3 つの民主化が行われ、経済復興を支えた。

　第一に、GHQ（占領軍総司令部）の命令により財閥が解体された。これにより経済の自由競争の基礎ができた。

　第二に農地改革だ。この結果、昭和 20 年には農地の約 4 割を占めた小作地が、5 年後は 1 割に減少している。

　第三に労働民主化である。労働三法（労働組合法、労働基準法、労働関係調整法）が制定され、労働者の発言力が高まり、労働時間も戦前よりも短縮された。

　戦後の経済復興を支えたものには、この他、「傾斜生産方式」がある。エネルギーの中心となる石炭と、産業の中心にある鉄鋼を集中的に増産した。

　1956 年（昭和 31 年）の『経済白書』では、「もはや戦後ではない」という非常に有名な記述がされた。復興経済といわれる時代が終わり、高度経済成長期が始まる。

1. 高度経済成長期の概観

　戦後の混乱期を過ぎると、日本は「高度経済成長期」と言われる時代になった。1955 年から 1972 年までを高度成長期と呼ぶ。高度成長期は 1973 年のオイルショックで終焉を迎えた。

　高度成長期の経済成長率は、年平均 9.3%である。今日の低い成長

率から見ると驚異的な数字である。

　1956年の経済白書には、「もはや戦後ではない」、「回復を通じての成長は終わった」という記述が見られるように復興による経済成長の可能性はなくなり、他の要因が必要とされるようになった。

　1960年首相に就任した池田隼人は所得倍増計画を推進した。1961年度からの10年間で国民所得を倍増する計画である。

　結果的には、民間設備投資と消費需要の伸びに牽引されて、所得倍増計画以上の成長を遂げた。

　1961年（昭和36）に世界的な大ヒットとなった坂本九の『上を向いて歩こう（海外での曲名 SUKIYAKI）』は昭和30年代の日本の活気に満ちた空気を感じさせる歌である。敗戦国である日本が戦後の復興期を脱し高度経済成長期へ向かうときの行進曲ともいえる記念すべき歌であろう。

　経済的なインフラも整備され、1964年には東海道新幹線が、1965年には名神高速道路が開通しました。高度経済成長時代の眩しく輝く「光」の局面である。「光」があれば「影」もある。

　都市が過密し、地方は過疎化した。地域間格差が生じた。公害問題が発生した。水俣病、新潟水俣病、イタイイタイ病、四日市ぜんそくは四大公害病とされる。1967年には「公害対策基本法」が成立した。

2．高度経済成長のメカニズム：需要側の要因

　高度経済成長はどのような要因で生じた現象なのか、需要側の要因を考えてみよう。

　国内企業が積極的な設備投資を始める契機は朝鮮戦争（1950〜1953）による特需にあった。各産業の設備投資が連鎖的に拡大し投資が投資を呼ぶという状況になった。

　耐久消費財が普及し、個人消費がブームになり景気を牽引した。1950年代後半は三種の神器がブームであった。すなわち、白黒テレビ、洗濯機、冷蔵庫をさす。

　1960年代のブームの対象は3C（頭文字がCで始まる）である。

すなわち、カラーテレビ、クーラー、自動車をさす。こういった耐久消費財のブームの背景には、平和な国際環境で、日本は政治的にも社会的にも安定していたことがあろう。

　また技術革新により、生産コストが下がり、品質が上がり、国際競争力が上昇した。

　成長期待により、消費者は所得の増加を前提として消費活動を行うようになった。

３．高度経済成長のメカニズム：供給側の要因

　海外からの技術導入が技術進歩をささえた。設備投資はさらなる技術進歩をもたらした。また貯蓄率が上昇し、投資の拡大を可能にした。自由貿易を基本とする世界経済の中で、日本は輸出を伸ばすことができたのである。

　高度経済成長期には、太平洋ベルト地帯（東京圏、関西圏、名古屋圏を中心とする太平洋側の地域）を中心に工業が発展した。農村部から都市部への大量の人口移動が起きた。

　工業部門の生産性上昇で賃金格差が生じ、農村から都会への若者の流れに拍車がかかった。1960年前後に労働余剰は労働不足にかわり、集団就職の列車が、中卒や高卒の若者を都会へ運んだ。彼らは「金の卵」と呼ばれた。教育水準も高まり、労働の量・質ともに増えた。集団就職列車が運行を始めたのは1954年からである。

　勤勉な日本人は労働の質が高かったといえよう。

　成長期待により、企業は投資を活発に行い、シェア競争はさらに投資を活発化した。

４．高度経済成長期の経済社会の変化

　国民所得倍増計画もあり賃金水準が上昇した。消費革命が起き、三種の神器、3Cなどの耐久消費財が普及した。「一億総中流意識」という言葉が使われるようになった。

　経済的インフラとしては、1964年に東海道新幹線が、1965年名神

高速道路が開通した。道路網が整備され、自動車も普及した。

　しかし、光があれば影もある。高度経済成長の影としては、都市の過密、地方の過疎化、地域間格差、公害問題などがあげられる。四大公害病とは、水俣病、新潟水俣病、イタイイタイ病、四日市ぜんそくをいう。

　高度経済成長期にも景気循環を経験している。特に 40 年不況（昭和 40 年＝1965 年）は戦後最大の不況と呼ばれ、山一証券は経営危機に見舞われ、戦後初の日銀特融を受けた。

　ちなみに 1964 年は東京オリンピック開催の年である。

　下記に、高度経済成長期における日本の景気循環を示す。

・1954 年 11 月から 1957 年 6 月まで 31 カ月間：神武景気
　この間 12 カ月：なべ底不況
・1958 年 6 月から 1961 年 12 月まで 42 カ月間：岩戸景気
　この間 10 カ月
・1962 年 10 月から 1964 年 10 月まで 24 ヶ月間：オリンピック景気
　この間 12 カ月：40 年不況、証券恐慌
・1965 年 10 月から 1970 年 7 月まで 57 カ月間：いざなぎ景気
　この間 17 カ月：ニクソンショック
・1971 年 12 月から 1973 年 11 月まで 23 カ月間：列島改造ブーム
　1974 年：第 1 次石油危機による狂乱物価

第3章　高度経済成長の終焉

1．高度経済成長の終焉

　高度成長は、ニクソンショック、オイルショック（第 1 次石油ショック）により終焉を迎えた。

1．1　ニクソンショック（ドル・ショック）

　1960 年代、日本の国際競争力は上昇、経常収支黒字となった。アメリカは経済収支赤字が続き、ドルの信認が揺らぎ国際通貨不安となった。1960 年代後半のアメリカでは、ベトナム戦争の軍事支出が増大し、財政が悪化し、インフレと国際収支の悪化が起きていた。

　1971 年、8 月、アメリカは金とドルの交換を停止し、固定相場制を放棄した。これをニクソンショックという。一時的に変動相場制となった。

　1971 年 12 月、ワシントンのスミソニアン博物館で先進国 10 か国蔵相会議（G10）が開かれ、新たな為替レートで固定相場となった。つまり 1 ドル＝360 円から 1 ドル＝308 円に切り上げられたが、この相場維持できなかった。アメリカの国際収支赤字は収まらず、結局 1973 年 2 月、変動相場制へ移行した。

1．2　オイルショック

　1973 年 10 月、第 4 次中東戦争を引き金として第一次石油危機が発生した。OPEC は 1 バレル 2 ドルから 11 ドルへと原油価格を大幅に引き上げ、さらに先進国向けの供給量を 1 割程度、削減した。

　日本はトリレンマ（物価急騰、景気後退、経常収支の赤字化）に襲

われた。石油危機は物価を急上昇させ、1974年の卸売物価は30%、消費者物価は23%上昇し「狂乱物価」と呼ばれた。

　石油危機は社会的な混乱をきたし、石油とは無関係な商品まで便乗値上げしたり、投機的な行動が見られたりした。トイレットペーパー等の日用品を買い求めて列ができたりする異常な状況が起きた。品不足は消費財のみならず工業用材料にも広がっていった。

2．スタグフレーション

　第1次石油危機が起きると、1974年の実質経済成長率は▲1.2%という戦後初のマイナス成長となった。日本を含め世界各国でスタグフレーションが起きた。

　スタグフレーションとは高い失業率と高い物価上昇率が併存する経済状態をさす。景気停滞（スタグネーション）と持続的な物価上昇（インフレーション）の合成語である。

　通常、景気後退時には物価は下落し、失業率も高くなっているが、そうではなく、物価は上昇し、失業率も上昇している状態をさす。

3．第1次石油危機に対する対策

　インフレの収束が先決とされ、公定歩合を9%に引き上げ、総需要を抑制した。また灯油・トイレットペーパーなどの価格を統制した。物価上昇は1974年以降低下し、経常収支も改善し、1975年を底として景気は回復に向かった。

　企業は第1次石油危機に対して、負債を圧縮し、省力化を行い、減量経営を行った。高度経済成長期の日本はメインバンクシステムに示されるように間接金融に依存した設備投資を行ってきた。

　しかし、石油危機により、設備投資による事業拡大から、合理化、省力化、省エネルギー化のための投資へとシフトした。製造業のエネルギー消費単位は石油危機以降大きく低下した。

　省力化に関しては、人件費を抑える手段として企業は非正規社員に置き換えるという方法をとった。雇用を優先し、賃上げを妥協し、

正規社員を解雇する方法は避け、労働時間の短縮、新規採用数の削減、希望退職者を募るなどの方法で乗り切った。

４．第２次石油危機

1978 年 11 月、イラン・イスラム革命を機に、イランによる石油輸出全面禁止が 2 カ月に渡って実施された。これにより OPEC は原油価格を 2.4 倍に引き上げた。

第 2 次石油危機が起き、原油価格が高騰したが、第 1 次石油危機に比して、物価の上昇も景気の下落も小さかった。

これは第 1 次石油危機のあと省エネ型の経済社会を築いてきたことにあるであろう。

５．中成長経済と産業構造の転換

二度の石油危機により高度経済成長時代は終焉を迎えた。日本経済は年成長率 5％程度の中成長の時代となった。

要因としては、まずオイルショックによる資源・エネルギー価格の上昇があげられる。またニクソンショックによる円高も要因として考えられる。さらに、高度経済成長時代の間に耐久消費財や住宅の需要が充足したことがある。労働力人口の伸びも低下した。

キャッチアップ過程が終了し、日本は先進国との格差がなくなり、高度成長時代は終わった。

高度経済成長の終焉により産業構造の転換が起きた。

エネルギー価格と賃金の上昇によって、第 1 次石油危機後は、鉄鋼、造船、石油化学などが競争力を失うことになった。

これらの業種に代わって、1970 年代後半から 1980 年代にかけてのリーディング産業は、自動車、エレクトロニクスなど加工組み立て型産業である。

またサービス産業の重要性が高まったことも重要な特徴である。

新たな成長の流れとして経済社会に次のような変化が生じた。生活が質的に向上し、消費生活のサービス化、ソフト化が起きた。

モノの国際化や金融の国際化という流れが起きてきた。

　高度成長時代は終わり、成長がいつまでも続くと考える成長神話も同時に終わった。今度は逆に、日本経済悲観論のムードが漂うようになった。このため、企業は投資や新規採用を控えるようになり、家計は消費を減らした。政府は金融を引き締めた。原油価格の値上がり、賃金の上昇、消費・投資の減少が不況をもたらした。

　企業は、石油依存率を低下させる省エネ型の生産方法・技術の開発を行ったり、自動車、家電、電子部品などの産業を中心として、生産性向上を進めたりして、コスト削減を行った。

　生産性向上の方法として、トヨタのカンバン方式が世界的に有名である。

　カンバン方式とはジャストインタイムで生産するために考えられた方式である。これは作業の前工程は、必要十分な量の部品を予想して生産し、後工程は必要に応じて前工程に部品を受け取りに行くというものである。

　これにより部品の需給の不一致の解消を図り、無駄を削減した。後工程が前工程に部品を受け取りに行くときに発行する帳票を「かんばん」と称したことによるネーミングである。

６．世界における日本の成長の意義

　戦後の日本経済の成長は Japanese miracle と呼ばれ、奇跡とされた。日本は二つの意味で成長のモデルを世界に、特にアジア諸国に対して示したといえよう。

①日本はアジア諸国に成長のモデルを示した。

　日本はヨーロッパ以外の国で初めて自力で経済発展をなしとげ先進国の仲間入りを果たしたのである。途上国には先進国からの開発援助が必要という迷信を打ち砕いたといえよう。

②資源に恵まれない国の成長モデルを示した。

　日本は天然資源に恵まれた大国ではない。しかるに経済成長をなしとげたのである。

第4章　メインバンクシステム

1．メインバンクシステム

　高度経済成長時代に企業の旺盛な設備投資意欲を支えたのがメインバンクシステムであったとされる。

　メインバンクとは主たる取引銀行をさし、日本語では主要取引銀行と言う。メインバンクシステム（メインバンク制）とは、契約内容が明確に示された明示的契約ではなく暗黙契約とされる。

　メインバンクは取引先企業に対して安定的な資金供給を暗黙的に与え、その見返りとして企業は支払決済口座や様々な取引をメインバンクに集中させ、インプリシットな保険料を支払うと考える。

　ところが、どのような銀行をメインバンクと称するかという明確な定義があるわけではない。しかしメインバンクの定型化された事実として次のようなものがある。

①取引銀行のうち最大融資のシェアを占める銀行

②企業と長期継続的・総合的（多面的）な取引関係を有する銀行

③企業の主たる株主の銀行、株式持ち合いをしている銀行

④企業に役員や従業員を派遣し、人的結合関係の強い銀行

⑤企業の経営危機の際には積極的な救済策を講じ、企業再建のイニシアチブをとる（ことが企業から期待される）銀行。

　最大融資シェアといっても融資には短期融資もあれば長期融資もある。短期融資は一般的には運転資金、長期融資は一般的には設備資金に対応したものである。どちらで最大融資シェアなのか、トータル

で最大融資シェアなのか厳密な定義があるわけではない。

　②の銀行と企業の長期継続的な関係は、メインバンクシステムだけではない。地域金融機関と中小企業の関係は、後にリレーションシップバンキングとも呼ばれるようになった（第21章参照）。

　③の株式持ち合いは、日本の企業金融の特徴の一つで、企業とメインバンクなど親密な関係のある主体が株式を相互に持ち合う慣行をさす。

　この慣行はメインバンクシステムの根幹となり企業と銀行の長期継続的な安定的な関係を支える。大きなメリットは敵対的買収を防御する安定的な株主工作になることがあげられる。

　しかし、最近はディメリットのほうが強調されるようになってきている。株式売買は自由な市場取引であるべきで、効率性が損なわれることになる。株式を持ち合っているからという理由で取引を決めていては、競争力に劣ることになる。

　バブル崩壊後は日本の金融慣行の負の側面が顕わになってきた。銀行は不良債権処理に追われ、体力が低下した。そのため、バランスシートを効率化することが行われ、収益を生み出さない持ち合い株式を売却する動きが出てきた。

　さらに株式の時価評価によって、株価の変動が企業収益にも大きな影響を及ぼすようになり株式持ち合いは近年ではネガティブな評価を受け解消傾向にある。

　⑤に示す最後の救済策はラストリゾート機能ともいう。⑤の括弧内の文章は奇妙な表現に思うかもしれない。メインバンクは借り手企業や世間から危機に陥っている企業の救済を期待される。

　しかし企業を救済しなければいけない法律があるわけではない。企業とメインバンクの間に、企業が危機の際、メインバンクが救済することをうたった契約書がかわされているわけでもない。さらに、どの銀行をメインバンクと称するかも明確にされているわけではない。暗黙契約といわれるゆえんである。

２．ＣシステムとＲシステム

　メインバンクシステムは通常、大銀行と大企業の関係をさす。大銀行は、最近はメガバンクと称することが多いが、高度経済成長時代には都市銀行と呼ばれた。

　筆者は大銀行と大企業の関係を Ｃ（City）システムと呼び、地域金融機関と中小企業の関係をＲ（Regional and Relationship）システムと呼んでいる。

　両者は様々な点で異なる。そもそも営業対象地域はＣシステムとＲシステムは異なる。Ｃシステムでは大企業と大銀行の活動する範囲は、日本全国はもとより世界中に及ぶ。これに対してＲシステムは限られた地域である。

　上場企業では、安定株主工作の一環として銀行との株式持ち合いが見られることが多い。これに対して、中小企業は同族経営が多いため同族で株式を所有することが多く、銀行との株式持ち合いは少ない。

　同様に中小企業はオーナー経営者が多いため銀行からトップマネジメントを派遣することは少なく、行員は企業のミドルマネジメントとして派遣されることが殆どである。大企業の場合にはトップマネジメントの派遣も見られる。

　銀行と企業の取引関係の範囲については、Ｃシステムでは企業取引に限定されるのに対して、Ｒシステムでは企業取引のみならず、オーナー経営者やオーナーの家族関係にまで及ぶのが普通である。

　Ｒシステムでは綿密な営業活動が行われ、中小企業に対する集金活動までも銀行員が行っている。これは本来、中小企業が負担すべきコストを銀行に転嫁しているともいえよう。Ｃシステムでは、このような集金業務は見られない。

　ラストリゾート機能に対する社会的責任はＲシステムよりもＣシステムのほうが大きいであろう。しかし、限定された狭い地域のほうがラストリゾート機能に対する評判は大きいともいえる。特に、企業を救済しなかった場合に、銀行の悪評は地域が限定されているだけ

にメインバンクの地域金融機関には大きな打撃であろう。

　メインバンクは借り手の行動を監視し、他の銀行に伝達する役割、すなわち委託されたモニターの役割（delegated monitor）の役割を担っていたとする考え方がある。しかし、地域金融機関では協調融資ということはあまり見られない。

　地域金融機関の行員は足で自行のために情報を集め、自行独自の審査判断を重視し、メインバンクがモニターを委託されているようには見えない。

　メインバンクの定型化された事実もＣシステムについて述べられていることが多い。この定型化された事実を前提としてその機能を経済的に分析しようとしたものには以下がある。

①リスク・シェアリング仮説

　メインバンクによる取引先企業の直面するリスクの分担機能を重視する考え方である。具体的には、好況・不況に応じて、メインバンクが金利負担を調整してゆくという考え方である。

　堀内（1987）は、次のようにリスク・シェアリング仮説の問題点を指摘している。我が国の企業がメインバンクから調達している借入金は、全借入金の 3 分の１程度にすぎず、メインバンクとの間にリスク・シェアリング契約を結ぶことができるとしても、それが企業の経営業績の安定にどの程度結びつくかは疑問である。

　さらに実証分析においては、リスク・シェアリング仮説が示すように、銀行と企業の間の「暗黙の契約」によって利子率が調整されているような事実は見受けられないとしている。

　おそらく、金融実務家もリスク・シェアリング仮説の現象が大手銀行と大企業の間で実際に起きているとは支持しないであろう。

②委託されたモニターの役割

　メインバンクは借り手の行動を他の銀行に代わって監視し、他の銀行にその情報をシグナルとして伝達する役割、すなわち委託されたモニターの役割を担っているとする考え方である。これにより、審査・モニタリング費用を節約することができるとする考え方である。

この考え方は筆者には、机上の空論に思える。銀行どうしは競合関係にあり、メインバンクが競合関係にある他の銀行のためにモニタリングを行うことは到底、想定することができない。しかし、企業へのメインバンク担当者訪問の回数が減少するなどメインバンクの消極的な動向を見て、他の銀行が取引先企業の危険な兆候に気がつき、いち早く撤退方針に切り替えるなどの行動はありうるであろう。

③企業経営権の支配

　Sheard (1989)では、メインバンク制は、敵対的な企業買収のメカニズムに代わって企業経営者をモニターし、規律を与える役割を果たしているとした。

　上記①②③はCシステムにおいては、各々検討に値するであろうが、Rシステムにおいては適用できるようには思えない。

　①のリスク・シェアリング仮説は、地域金融機関と中小企業の実証分析を行った加納（1996、1998）では支持される結果ではなかった。

　②の情報生産を重視する機能については、一般的に中小企業では大きなプロジェクトは少なく、一つのプロジェクトは一行の融資で対応できることが多い。カウベル効果を中小企業の融資において地域金融機関に期待することは実体にあわない。

　地域金融機関の職員は「足で稼ぐ」営業や情報収集を、しのぎを削って行っている。融資情報をメインバンクに頼ることはあり得ない。

　③のメインバンクは安定株主として企業経営権の安定化に協力しているという考え方があるが、中小企業は同族企業が多く、株式の持ち合いはあまり見られない。

　これまで指摘されてきたCシステムにおけるメインバンク機能は以上のように地域金融機関と中小企業には適用できず、Rシステムには別の視点が必要である。

　Rシステムにリスク・シェアリングがあるとは思えないが、中小企業が本来負担すべきコストをメインバンクに転嫁していることもあると考えられる。

　メインバンクの地域金融機関が行う集金、両替用の硬貨を届ける

などの銀行外交員の業務のみならず、中小企業の人材不足を補う銀行からの人材派遣、経営相談、オーナーの相続・事業承継対策など様々な案件をメインバンクに依頼し、メインバンクの地域金融機関から便益を受けていると考えられる。

　この便益の中には、資金調達のアベイラビリティ、低利での優遇された借入、救済融資（ラストリゾート機能）への期待も含まれている。

　これらメインバンクの地域金融機関から取引中小企業が受ける便益に対して、中小企業はメインバンクからオーナーファミリーの取引まで含めたトータルな取引を暗黙的に要求される。

　このようなメインバンクと取引することにより企業に派生するコストは、クラブ会費と呼ぶことができるであろう。Rシステムは地縁、血縁的な狭い地域の中で形成された暗黙契約という意味で、一種のクラブと呼ぶにふさわしいであろう。

　Rシステテムはメインバンクと中小企業の双方がコストを払い、相互に様々な便益を期待するものである。Rシステムに入ることは一種のクラブに加入することを意味する。中小企業は、そこでそのクラブ（Rシステム）から得る便益に対して会費を支払うのである。

　Rシステムの長期継続的な関係を告発のメカニズムとゲーム理論の観点から考えてみよう。

　顧客ニーズの伝達手段として継続的な顧客関係を通じて顧客の声を伝えていく告発のメカニズム（voice）と、顧客が自らの市場から離れていってしまう脅威にさらされることにより顧客ニーズが伝えられる退出のメカニズム（exit）がある。

　限定された地域の中で営業を行う地域金融機関にとっては、退出のメカニズムよりも告発のメカニズムが強く働くといえよう。地域金融機関は営業基盤であるその地域から退出することはできない。顧客の中小企業も同様である。したがって顧客の中小企業は地域金融機関と固定的・長期継続的な関係を結び、様々な要求をメインバンクである地域金融機関に要求することになる。

　たとえば、メインバンクであるA行よりも貸出金利の低いB行で

借入を行うのではなく、Ａ行に対して、Ｂ行が提示した貸出金利の情報を伝え、Ａ行の貸出金利を引き下げるのである。地域金融機関にとってもメイン先企業を失いたくないという誘因が働くのである。

　繰り返しゲームを行う際、双方が協調的な戦略をとるというゲームの解が成立する。これは大手銀行と大企業のＣシステムの場合も同じであるが、閉鎖的な地域における、同じ取引相手と継続的取引を行うというゲームのほうが、より安定的・協力的な関係が望まれる。

　一般に人の移動が少ない地域の共同体においては、地縁・血縁・同窓生等多くの結びつきがある。Ｒシステムにおいても地域金融機関と中小企業の各々構成する人と人の間には、やはり、このような関係が見られ、それはＣシステムよりも顕著であると思われる。

　また、これは評判（reputation）にもつながる。限られた地域内での評判は、すぐに伝達され、今後の取引にも影響してくるため、地域金融機関も中小企業も悪い評判を恐れ、とりあえず現状のシステムを維持しようとするインセンティブが働くことになる。

　これが地域金融機関と中小企業の長期的なメインバンク関係（Ｒシステム）を生むことになる。地域金融機関と中小企業の共生関係（Ｒシステム）が見出され、Ｃシステムには見られないものである。

　なお、バブルが崩壊し、不良債権問題がクローズアップされた2000年代初頭、官界にリレーションシップバンキング（リレバン）、学会にリレーションシップ貸出の潮流が起き、地域金融機関と中小企業の関係は、実態が大きく変わったわけではないが、上述のＲシステムとは異なる見方がされるようになった。詳細は第21章で述べたい。

４．護送船団方式

　メインバンクシステムの時代では護送船団方式と呼ばれる金融行政が行われていた。大蔵省を中心とした金融行政である。大蔵省の英訳は Ministry of Finance であるため略して MOF と呼ばれた。

　現在、大蔵省はなくなり金融庁がある。英訳は同じ MOF である。護送船団の本来の意味は、戦時中、民間の商船を武装した軍艦が守り

ながら一団で船を進めてゆく意である。むろんこれは比喩である。軍艦は大蔵省、数多くの商船は銀行のことである。

　一団となって軍艦（大蔵省）に守られながら（規制を受けながら）、商船（銀行）は進行方向へむかって進んでゆく。商船（銀行）が脱落しないように進むスピードはもっとも遅い商船（銀行）の速度（経営能力）にあわせる。従って商船（銀行）どうしが競争するなどということは厳禁である。

　この時代は銀行不倒神話があった。銀行を倒産させないためには銀行どうしが競争しないことである。競争制限されていたので、預金金利はどの銀行も同じであったし、銀行店舗の新たな出店に対しても厳しい規制があった。

　護送船団方式では早いスピードを出せる船も軍艦の見守りで枠にはまった動きしかとれず速度を落として航行した。そのため体力のある銀行はレント（超過利潤）を手に入れることができた。しかし、国際的な競争力を身につけることができなかった。

　地域の金融システムでは、地方銀行は一県一行主義がとられ、市場が分断されていた。参入規制、業務分野規制、金利規制など様々な競争制限的な政策が行われていた。

　高度経済成長時代の金融システムはメインバンクシステム（メインバンク制度）である。システムや制度と呼ばれるが、暗黙契約であって明示契約ではない。商慣行といったほうがよいかもしれない。

　メインバンクの概念についても正確な定義はない。企業に対してもっとも影響力のある主たる銀行とされ、具体的には、取引銀行の中で貸出額が最大の銀行、決済口座を持つ銀行、様々な取引をしている銀行、株式の持ち合いをしている銀行、銀行員が派遣されている銀行などをさす。

　株式持ち合いとはメインバンクが取引先企業の株式を所有し、企業もメインバンクの株式を所有することをいう。敵対的買収から企業を守るための措置である。

　メインバンクは企業と長期継続的関係にあり、高度経済成長期に

旺盛な企業の投資意欲を支えるためにはメインバンク関係が企業にとって重要であった。

　また企業が窮地に陥った際にはメインバンクによる救済融資が期待された。また終身雇用や年功序列賃金を特色とする日本的経営はメインバンクシステムと制度的補完の関係であったといえよう。長期継続的関係は日本の経済システムの特徴の一つであった。

　護送船団方式の時代は競争を制限されていました。なぜ銀行は競争を制限されていたのだろうか。銀行には決済機能という機能がある。銀行に預金があるということは決済手段があることになる。

　決済とは、経済取引で発生した債権・債務を対価の支払いによって完了させることである。コンビニで500円の弁当を買って500円の現金を払うことは経済用語では決済ということになる。現金で支払うだけが決済ではありません。

　銀行の預金から電気代や携帯電話の料金が口座振替で引き落としになること、クレジットカードの料金が引き落としになることもすべて決済という。

　これらは、家計の身近な例であるが、企業では手形・小切手の支払いが当座預金から行われている。一部の銀行が経営破綻し支払決済機能が滞ると他の銀行に波及し支払機能全体が麻痺する危険性（システミック・リスク）が生じる。

　例え話をしよう。病気はどんな病も嫌である。死に至る恐い病もある。病気の分類の仕方は様々な方法があるが、その一つが伝染するか否かである。伝染するというのは特別な意味を持つ。死亡被害が著しい広域な病気の流行をパンデミックといい、大変危険な状況をさす。経済社会でも同様に連鎖倒産が起きるなど銀行の経営破綻は深刻な影響を与えることが危惧される。

　システミック・リスクを防ぎ、支払決済システムを円滑に機能させることが銀行・企業・経済社会全体にとって大切となる。このため信用秩序の維持を目的として銀行を規制する政策がある。これをプルーデンス政策という。高度経済成長期には大蔵省や日本銀行など監

督当局が競争制限的な規制を行った。これを護送船団方式という。

①新規参入規制

　金融業へ新たに参入するには大蔵大臣の免許が必要である。個々の金融機関の倒産を防ぎ、金融業界を保護し安定性を確保することができる。しかし、新規参入規制は金融業を寡占化し、高い価格や利潤という顧客にとっては望ましく結果をもたらすことがある。

②業務分野規制

　金融業の内部をいくつかの分野に分けて兼業を禁止してきた。銀行・証券・保険は兼業が禁止されていた。この規制は、新規参入規制の一つとも考えられる。銀行が他の業務（証券・保険）を兼ねることは経営健全性の観点からも問題があったからである。

　業務分野規制には利益相反を防止する機能もある。複数の業務を営む金融機関は顧客間の利害が相反する事態に直面した場合、その利害を操作するおそれがある。利害を操作するのを防止するのは小口投資家保護や不正防止という効果がある。しかし、銀行が保険業や証券業を営めばワン・ストップ・ショッピングにより、銀行は効率的な経営が可能になる。顧客にとっても利便性が高くなる。これを範囲の経済性という。業務分野規制と範囲の経済性はトレードオフの関係にあるといえる。

③価格競争規制

　銀行業の預金金利規制がこれに該当する。価格競争を制限し、金融機関の倒産を防ぎ信用秩序の安定を図ることを目的とする。銀行の預金金利については 1947 年の臨時金利調整法によって大枠が決められ、日本銀行がガイドラインという形で上限を決めてきた。

　貸出金利については、優良企業に対するプライムレート（最優遇貸出金利）と一般企業に対する上限が銀行業界の自主規制金利として存在していた。

④非価格競争規制

　店舗の増設・配置、景品、広告、営業日、営業時間（銀行店舗を開店している時間）こういったことに対して横並び体質があった。

第5章　バブル

1．バブルとは何か

　株式や土地などの価格は、実際の取引で成立する価格である市場価格と理論的に求められる理論価格がある。株式は企業の収益率から、地価は土地が生み出す収益率から理論価格を算出することができる。

　この理論価格はファンダメンタルズ価格とも呼ばれる。ファンダメンタルズとは基礎的条件のことをいう。市場価格と理論価格に大きな乖離があることをバブルという。

2．バブル前夜

　アメリカは1970年代スタグフレーションに陥った。スタグフレーションとは高い失業率と高い物価上昇率が併存する経済状態をいう。

　景気停滞を意味するスタグネーションという言葉と持続的な物価上昇を意味するインフレーションという語が合成されてできた語である。

　このスタグフレーション対策のため1981年にレーガノミックスが導入された。レーガノミックスと称される規制緩和、金融引き締め、大幅減税、軍事支出以外の歳出削減を行った。しかし、ソ連との軍事拡大競争が起き、その結果、軍事支出は増加した。

　インフレが終息し、景気は回復したが、巨額の財政赤字、高金利、貯蓄不足を招き、外国からの巨額の資本流入とドル高をもたらした。

その結果、巨大な経常収支赤字を抱えることになった。なお巨額の財政赤字と財政収支赤字が併存している状態を「双子の赤字」という。

　双子の赤字の状態でのドル高・高金利は、世界経済の不安材料となり、1985年（昭和60年）9月、ニューヨークのプラザホテルにおいて、先進5か国の蔵相・中央銀行総裁が集まり（G5）、先進国の協調介入によるドル高是正、アメリカの高金利の引き下げが求められた。これをプラザ合意とよぶ。

　プラザ合意以降、急速に円高が進み、輸出企業は円高により輸出不振になった。企業も消費者も先行きに不安感をもち、企業は設備投資を、消費者は消費を控えた。その結果、1985年6月から景気は下降し、「円高不況」になった。

　円高不況に対して、内需主導の成長をめざした。この不況対策には金融政策と財政政策が用いられた。プラザ合意以降の異常ともいえる円高は、日本にとって初めての経験であり、輸出低迷による大不況が懸念された。そのため大掛かりな経済政策が実施されることになった。

　財政政策としては、公共事業を中心とする6兆円の総合景気対策が1986年4月に行われた。

　金融政策は、公定歩合引き下げの手法が用いられた。1986年以降、約1年間で、公定歩合が5回引き下げられ、1987年には2月には、2.5%という当時としては史上もっとも低い公定歩合となった。

　公定歩合を引き下げることにより、マネーサプライが増加し、企業の設備投資が活発化し景気が回復するというのが、金融論の教科書的な公定歩合の説明である。

　しかし、当時、増加したマネーは、企業の本業ではない株式投資や転売を目的とした土地購入資金に充当された。当時、このような現象は財テクと呼ばれた。この結果、株価や地価は右肩上がりとなった。

　この背景には、日本の土地は決して値下がりしない、土地を所有していて損をすることはない、という日本の土地神話があろう。

３．バブル発生の背景と要因

　さて、このようなバブルはなぜ起きたのだろうか。バブル発生の背景や要因を考えてみよう。

①最初は正当な理由で資産価格が上昇したと思われ、人々にバブルという認識がなかったことがある。なぜならば1987年以降、企業収益が大幅に増益を続け、株価が上昇していた。また情報化、国際化の流れの中で東京のオフィスビル需要が増加し、地価が上昇していた。金融緩和のもと、金利は低下し、資産価格が上昇していたのである。

②資産価格上昇期待が土地・株式の需要を生み出し、株価・地価を上昇させた。地価・株価の上昇はさらに上昇期待を喚起した。

③銀行は不動産を担保にした貸出を積極的に行った。この背景には土地神話があるだろう。また、そもそも日本は間接金融中心の金融システムであり、メインバンク制度があったことも要因であろう。

　メインバンク制度は高度経済成長時代には有効に機能したといえるが、1980年代後半にはバブルを起こした背景の一つともいえよう。

④プラザ合意以降に発生した円高経済政策が不適切であったと考えられる。円高不況が短期間で終わることを予測できず、2年4カ月にわたり超低金利政策をおこなったことや公共事業の大規模な財政政策などは適切だったとは言い難い。

４．バブルの影響

　バブルをプラスに評価する見解は少ないであろう。しかし、バブルは1980年代後半の日本経済の成長率を高めたのも事実だ。日本経済はバブル時代に、どのような経路をたどって成長率を高めたのであろうか。その経路を企業の設備投資と家計の消費から考えてみよう。

　日本は間接金融が優位の金融システムであり、また銀行は通常、設備資金、長期資金に関しては不動産を担保にする貸出を行っていた。このため不動産価格が上昇すると担保価値を高めることになる。

　担保価値が上がれば、銀行からの借入は容易になり、設備投資を活発化させた。この投資の中には企業の本業の設備投資のみならず、営

業外の投機的な案件も含まれ、転売目的の株式取得や海外の高級リゾートマンションへの投資などである。投資というよりも投機といったほうが適切かもしれない。

　個人に関しても企業と同様の動きが見られた。不動産価格が上昇すれば、担保価値を高まる。このことは銀行からの借入を容易にし、住宅投資を活発化させた。またマイホームのみならず別荘購入の動きも起き、通常であれば、購入しないような高級品・嗜好品の消費もバブル時代には増加した。

　資産価値が上昇すると、価値の上がった資産を持つ消費者は支出を増加させる傾向がある。キャピタルゲイン（株の売却益）で高級品を買うことができた時代である。

　資産価値が上昇すると消費の需要を刺激する効果がある。このような現象を資産効果という。バブル時代にはベンツ、シーマのような高級車が売れ、ゴッホの高価な絵画が輸入されたりした。

　またバブル時代には、税収が増加し、財政収支が好転した。輸入が増加し、経常収支の黒字が減少した。雇用情勢が好転し、失業率が低下し、有効求人倍率が上昇した。バブル末期は人手不足で、「人手不足倒産」も起きたくらいである。

　問題は、こういった状況が持続的ではないということだ。

5．バブル崩壊と平成不況

　バブル時代、人々は経済の先行きに楽観的な見方をした。

　銀行は不動産を担保にして巨額の貸出を行った。企業は生産・雇用を拡大した。企業は商業用不動産の投資や海外投資を拡大させ、家計も大型消費や住宅投資を行った。日本中がバブル景気にわいた。

　しかし、このような状態は長続きしなかった。株価は 1989 年 12 月に、地価は 1990 年に最高値をつけ、その後、暴落した。

　日本銀行は、バブル期にも超低金利の政策を続けていたが、1990 年に政策を変換し、公定歩合を急に引き上げ金融を引き締めた。また大蔵省（現在の財務省）は地価上昇を抑えるために銀行の不動産向け

貸出に対して総量規制を行った。こうした経済政策の転換も影響し、バブル崩壊が始まった。

　資産価格の低下は消費、住宅投資、設備投資を抑制する。バブル期に企業も家計もバランスシートの資産・負債を両建てで急増させていったが、バブル崩壊で資産価格が下落し、過剰な債務が残り、バランスシートが悪化した。

　バブル崩壊により、5〜6%であった経済成長率は低下し、1990年代前半の平均成長率は1.5%となり、後半は1.0%と急速に低下した。

　雇用情勢は悪化し、終身雇用制が崩壊し、失業率が増加した。またバブル期の財政は黒字であったが、バブル崩壊後、税収入も下落し、景気対策で財政支出が増加したため、財政は赤字に転じた。
銀行の貸出残高は1990年代には伸びが低下した。銀行は不良債権を抱え、金融の資金仲介機能が麻痺した。

　1997年には北海道拓殖銀行などの金融機関が破たんし、間接金融中心の日本の金融システムの脆弱さが露呈されることになった。

　バブル後の景気の悪化は、バブル時代の逆の流れで起きた。すなわち、資産の減少は家計の消費を抑制した。またバブル期の消費増加の反動が出た。

　地価の下落は担保価値の下落につながり、企業の設備投資や個人の住宅建設を抑制した。株価の下落はワラント債の発行を困難にし、企業の設備投資を抑制した。

　バブル期に株式や不動産などの購入を企業は積極的に行った。その結果、資産と負債が両建てで増加した。

　バブル崩壊によって資産価格は下落したが、負債は減少することはない。つまり資産に対して負債が上昇することになる。これがバランスシート調整問題である。金融機関の不良債権問題もその一つであり、金融仲介機能を麻痺させる原因となった。

　バブル崩壊後の日本には三つの過剰が生じたとされる。すなわち債務の過剰、設備の過剰、雇用の過剰だ。債務の過剰と設備の過剰はバランスシート調整問題ともいえる。

バブル期は人手不足で、企業は大量に雇用した。しかし、バブル崩壊後は過剰雇用となった。

　バブル崩壊後の不況は平成不況と呼ばれる。企業倒産は銀行の不良債権を発生させた。不良債権の増加は、銀行の貸出姿勢を消極的にし、その結果、企業倒産が増加するという負のスパイラルが起きた。

　不良債権問題が引き金になり、1997年には北海道拓殖銀行、日本長期信用銀行、日本債券信用銀行など大手銀行の倒産が相次ぎ、「銀行不倒神話」は崩壊した。

　こうしてバブル崩壊後、「失われた10年」「失われた20年」と呼ばれる時代を招いた。中には「失われた30年」という識者もいる。

　さらにバブル崩壊にともない日本的雇用システム、日本的企業システム、日本の規制体系、日本の金融システムなどの問題点が浮上してきたのである。

6．リーマンショック

　サブプライムローンとは信用力の低い低所得者向けの住宅ローンのことをいう。米国のサブプライムローンは1990年代以降、急成長した。しかし、その後住宅価格の下落が始まり、住宅を売却して住宅ローンを返済することが難しくなり、2006年後半以降、サブプライム住宅ローンは延滞が目立ち始めた。

　2007年の夏以降、サブプライム住宅ローンの証券化商品の価格は下がり、金融機関も多額の損失が発生した。金融機関はリスク資産を売却してバランスシートを適正化しようとしたため、リスク資産の価格はさらに下落した。

　こうした中、2008年3月にベア・スターンズは実質的に経営破綻し、その後救済合併された。2008年9月にはリーマン・ブラザーズ証券が破綻した。欧米の短期金融市場は機能不全の状態に陥った。

　金融バブルの崩壊は実体経済にも影響を及ぼし、世界経済にも大きく響きリーマンショックと呼ばれる。「100年に一度の経済危機」とも称された。

第6章　伝統的な日本的経営

　1980年代まで（バブル崩壊まで）は、日本的経営は日本の経済成長の秘密とされてきた。長期的視点に立ち、経営者と従業員が一体となった効率的な経営を行うものとして国際的な評価も得ていた。

　しかし1990年代に入り、バブル崩壊にともない日本的雇用システム、日本的企業システム、日本の規制体系、日本の金融システムには様々な問題点が浮上してきた。

　伝統的な日本的経営と米国の経営を下記のポイントで比較してみよう。

1．日本的雇用慣行

　日本的雇用慣行は高度経済成長時代、製造業、大企業を中心に形成され、その後、中小企業や非製造業にも広がった雇用慣行である。

　特徴としては、長期的関係、終身雇用制、年功序列型賃金、企業別労働組合、OJT（企業内訓練）などがあげられる。

　新卒を一括して採用する。そのため〇年入社組というような同期入社の社員を一律で呼ぶ表現が用いられたりする。社員を社内で育成し、長期間雇用（終身雇用）する。中途採用や転職は例外的なケースと考える。

　初任給から定年まで年功とともに賃金や職位が上がる年功賃金、年功序列制度がある。同じ企業の雇用者が一体となって作る企業別の労働組合。ボーナス制度などが特徴である。

これに対して米国の雇用は終身保証されるわけではなく弾力的、賃金は能力給、教育は社内ではなく、大学等（例えば MBA）の外部である。

　日本的雇用慣行の長所と短所について考えてみよう。まず長所をあげてみよう。

①終身雇用であるから、定年まで安心して働くことができた。ライフステージに応じた生活設計もたてやすい。

②終身雇用制は帰属意識を高め、チームワークがうまくゆき生産性を高めることできる。

③終身雇用制により、雇用者は熟練の技を身につけ、それは企業の財産となり、研究開発なども促進しやすくなる。

④企業内組合のため労使一体となった経営戦略が取りやすい。

　次に短所である。

①協調性を求められ、同一的な発想になりやすく個性を発揮しにくい。仕事が終わってからの付き合いやサービス残業の文化になりやすくワーク・ライフ・バランスを進めにくい。

②多様な人材を揃えにくくなる。

③企業にあった人材になってゆくため、流動的な労働市場になりにくい。

④正規雇用者と非正規雇用者との間で賃金などの待遇、社内教育などに大きな格差が生じる。

２．企業間関係

　従業員が同一の会社で長期間働き続けるだけではなく、日本のビジネスでは企業間や企業と金融機関との間にも長期継続的な関係が見られる。たとえば、系列、下請け、メインバンク制度などである。

　これに対して米国は競争的市場で勝者の企業と契約し、必ずしも長期継続的な関係を前提としておらずスポット的な取引となる。

3．経営目標

　日本は市場占有率（マーケットシェア）や新製品開発を経営目標とするのに対して、米国は、資本収益率（ROE）、総資産利益率（ROA）、株価など株主を意識した効率性の数値が目標となる。

4．意思決定

　日本はボトムアップで意思決定がなされていた。そのため、コンセンサス、根回し、場の空気ということが重視される。そのため正式な会議ではとくに議論はされないが、根回しや飲み会のときの話で大筋の方針が決まっていたということもある。

　こういった日本的な意思決定の方法も残業の多い長時間労働や女性の管理職への（実質的な）登用を阻む要因につながったと思われる。

　日本的経営がうまく機能していた時代には、労使が一体となって目標に向かう姿勢は効率的と評価された。

　それに対して、米国はトップダウンである。

5．コーポレート・ガバナンス（企業統治）

　日本はメインバンク、従業員、官庁などによる企業統治が行われていた。メインバンクは取引企業をモニタリングしている。

　融資実行後もメインバンクのモニタリングは継続しており、銀行と企業の関係が継続的である以上、次の融資に判断につながっていった。このためメインバンクはガバナンス機能をもったのである。

　米国は、株式市場、株主総会、社外取締役による企業統治が行われている。

　加納（2019a）では、日本のガバナンスの背景にある文化は恥の文化で、米国のガバナンスの背景にある文化は、罪の文化だとしている。

６．株式

　日本はメインバンクシステムに伴い株式持ち合いがあり、株主総会は形骸化した形式的なものであった。

　米国では、個人や機関投資家が株式を所有し、頻繁に売買を行い、いわゆる「物言う株主」である。

第7章　日本型雇用慣行の変化と非正規雇用

1．日本型雇用慣行の変容

　雇用を取り巻く環境は大きく変化している。1991年バブルが崩壊し、金融機関は不良債権をかかえ、景気は低迷した。日本企業の経営環境は悪化し、日本的経営による雇用慣行が合理的な戦略ではなくなり、日本的な雇用慣行は崩れていった。

　雇用環境の変化を列挙してみよう。

①バブル崩壊後、低成長が続き、さらに少子高齢化社会は年功型賃金を支持しにくくなった。

②企業や社会がグローバル化し、また人権意識の高まりから多様な社会となり、ダイバーシティマネジメントが求められるようになり、画一的な日本独特の雇用慣行は受け入れられにくくなってきた。

③急速な環境や社会の変化がある。企業もそれにあわせて変化が要求される。そのため弾力的で柔軟な雇用形態が求められるようになった。

④ワーク・ライフ・バランスなど人々の価値観・労働観が変化してきた。

　これらの環境変化により日本的雇用慣行に大きな変化が起きた。その変化の一つは正規社員の割合が減少し、非正規雇用が増加したことにある。

２．非正規雇用の増加

　総務省統計局『労働力調査』（平成 27 年 11 月 10 日）によれば正規の職員・従業員は 3329 万人と、前年同期に比べ 24 万人の増加。3 期連続で増加している。

　非正規の職員・従業員は 1971 万人と、19 万人の増加。11 期連続の増加である。役員を除く雇用者に占める非正規の職員・従業員の割合は 37.2%（男性 21.8%、女性 55.8%）と、前期に比べて 0.1 ポイントの上昇で、2 期連続の上昇である。

　平成 30 年の『労働力調査』によれば、非正規の職員・従業員の割合は 37.7% で確実に増加している。

　非正規雇用の増加は日本だけの現象ではない。ヨーロッパでも同様の傾向がある。また一口に非正規といっても多様である。

　ギグワークという言葉がある。gig の語源はジャズなどの単発の演奏の仕事をさす。まだ日本では gig economy の定着した訳語はなさそうで、ギグエコノミーとカタカナで表記するか「単発の仕事」と訳せばよいのであろう。

　ダイアン・マルケイ著、門脇弘典訳『ギグエコノミー』pp.5-6 では次のようにギグエコノミーの例をあげている。

　「現代社会の働き方を、終身雇用の正社員から無職までずらりと並べたとしよう。ギグエコノミーとは、その二つに挟まれた様々な労働形態を幅広く含む概念である。コンサルティングや業務請負、パートやアルバイト、派遣労働、フリーランス、自営業、副業のほか、アップワークやタスクラビットといったオンラインプラットフォームを介したオンデマンド労働などがあてはまる」

　マルケイによるこの定義を読むと、非正規雇用が多様化されていることが理解できる。

　2005 年〜2015 年におけるアメリカの就業人口の純増はすべて、非伝統的就業形態によるもので、フルタイム労働は寄与していない。ギグエコノミーの規模は相当なもので急速に拡大していることがわかる。

３．非正規雇用増加の背景

　非正規雇用増加の背景を企業側のニーズの変化と労働者側の環境変化の両面から考えてみよう。

　まず企業側（労働需要側）である。まず人件費削減の効果があることだ。正規社員と非正規社員は同一労働をしていても同一賃金が支払われていないことが多い。また勤務時間によっては社会保険費用等を負担する必要がない。このため、人件費を削減することができる。

　変化の激しい時代に、ニーズに対応して多様な人材の雇用について柔軟に対応でき、雇用調整がしやすいというメリットがある。

　非正規社員が増えれば、企業は人件費を固定費から変動費化でき、経済環境の変化に対してフレキシブルな対応が可能になる。

　労働者側（労働供給側）の事情をみてみよう。

　女性は、結婚・出産を機に退職。その後の仕事として非正規雇用の場合が多い。Ｍ字カーブはその事情をうかがわせる。

　若年層では新卒で非正規雇用になり、あるいは第二新卒で転職し非正規雇用など、正規雇用の仕事がないため不本意ながら非正規に甘んじている者も多い。

　かつて「フリーター」という言葉も存在した。景気がよく、仕事をある程度、主体的に選択し、所得もそれなりに得られた時代の言葉であり、現代の非正規雇用とは意味が異なるであろう。

４．非正規雇用増加の課題

　非正規雇用と正規雇用では賃金格差が生ずることが多い。また日本では、正社員を OJT で教育してきた。非正規社員は OJT を受ける機会がないことが多い。そのため若い時期に非正規社員として就職すると職業能力開発をする機会を得にくくなる可能性がある。

　非正規雇用は安定性に欠け、キャリア形成に不利で、また賃金・待遇にも正規雇用との間に格差がある。経済的な格差を解消し、職業能力開発の機会を確保し、セーフティネットの整備も期待されるであ

ろう。

　最近では、非正規雇用と正規雇用の待遇改善・格差是正として下記のような動きが出てきている。

・有期契約が反復更新されて 5 年を超えた雇用者は本人から申し出があれば、無期契約に転換させる改正が労働契約法で行われ、非正規社員から正規社員への転換が可能になった。

　しかし、この措置に対抗して、非正規社員の雇用が 5 年を超える前に「雇止め」する企業の動きも出てきた。

・同一労働同一賃金推進法が成立した。

・労働契約法、パートタイム労働法、労働者派遣法の改正が行われ、企業は不合理な待遇格差を解消することが求められるようになった。

第8章　人口構造の変化

　国連の『世界人口統計 2010 年版』によれば、65 歳以上人口割合の高い国の 2010 年推計（中位）によれば、日本は世界トップで、その割合は 22.69%である。

　以下第 2 位はドイツの 20.38%、第 3 位はイタリアで 20.35%、第 4 位はギリシアで 18.55%、第 5 位はスウエーデンの 18.24%と続く。

　本章では、日本の人口構造の変化と人口オーナスについて述べる。

1.　人口構造の変化

　日本の人口構造の大きな変化は 3 点ある。

①総人口が減少し、人口減少社会となる。

②出生率が下がり、少子化が進展している。子どもの数が少ないということだ。

③総人口に占める高齢者の割合が増加するという高齢化の進展が見られる。

　この変化を数字でみてみよう。

　令和元年 7 月 22 日付け総務省統計局「人口推計—2019 年（令和元年）7 月報—」によれば、7 月 1 日現在（概算値）で総人口は 1 億 2622 万人で、前年同月に比べ減少▲31 万人である。

　15 歳未満は 1529 万人で、総人口に占める割合は 12.1%である。15-64 歳は 7512 万人(59.5%)、65 歳以上は 3581 万人(28.4%)である。

比較のために 10 年前の平成 20 年 7 月 1 日現在の人口をみてみよう。

　総人口は 1 億 2770 万人で、15 歳未満は 1721 万人(13.5%)、15-64 歳は 8248 万人(64.6%)、65 歳以上は 2800 万人(22.0%)である。

　総人口と生産年齢人口（15-64 歳）は減少しているが、高齢者の割合が増加していることがわかる。

　では、将来の推計人口はどのようになっているのだろうか。国立社会保障・人口問題県研究所の「日本の将来推計人口（平成 29 年推計）」から数値をあげてみよう。出生率仮定は中位仮定を用い、長期の合計特殊出生率は 1.44 とする。また死亡率仮定は中位仮定とし、長期の平均寿命は男性 84.95 年、女性は 91.35 年と仮定する。

　総人口は 2040 年には 1 億 1092 万人、2060 年には 1 億を割り、9284 万人と推計される。

　年少人口(0-14 歳)は 2040 年では、1194 万人(10.8%)、2060 年には 951 万人(10.2%)と推計されている。

　生産年齢人口(15-64 歳)は 2040 年では、5978 万人(53.9%)、2060 年には 4793 万人(51.6%)と推計されている。

　老年人口（65 歳以上）は 2040 年では、 3921 万人(35.3%)、2060 年には 3540 万人(38.1%)と推計されている。

　生産年齢人口が約 5 割で、65 歳以上が約 4 割という社会が到来するのである。そうなると 65 歳以上を老年扱いすることや 15-64 歳を生産年齢人口と定義していること自体が問題になってくるだろう。

　人口減少社会をくいとめることも大切であるが、その一方で人生 100 年時代を見据えた働き方や生き方も必要になってくるだろう。

２．人口ボーナスと人口オーナス

　人口ボーナスと人口オーナスは対極の概念である。まず人口ボーナスの現象を説明しよう。

　出生率は毎年同じというわけではない。人口ピラミッドの底辺部分は新しく生まれてきた人口数を示す。出生率が高い年は人口ピラ

ミッドの底辺が広がる。

　誕生した子の年齢があがるに従い、ピラミッドの膨らんだ部分も上へ移行してゆく。人口減少社会であったとしてもこの膨らんだ部分は、やがて生産年齢（15歳から64歳）に到達する。

　このとき、一時的に社会の中で生産年齢人口の割合が増加する。つまり、働く人の割合が一時的に増えるのである。この状況を人口ボーナスという。

　人口減少が続くとピラミッドの底辺部分は増えない。しかし、人口ボーナスであったピラミッドの膨らんだ部分は歳月の経過とともに、ピラミッドの上層部へ移行してゆく。

　つまり高齢者が増加するということだ。そのため、社会の中で、生産年齢ではない人口（これを従属人口といい、65歳以上の老年と14歳以下の年少者をさす）が増える。三角形であったピラミッドが逆三角形になるイメージだ。この現象を人口オーナスという。

　人口オーナスの度合いを示すには、従属人口を生産年齢人口で除した「従属人口指数」が用いられる。日本は、この指数が2050年には世界1位になることを国連の『世界人口推計2010年版』では予測している。

第9章　所得格差と貧困問題

1．ジニ係数

　所得の不平等の程度を示すにはローレンツ曲線やジニ係数が用いられる。

　横軸に所得の低い世帯から高い世帯へ世帯数の累積比をとり、縦軸に所得の累積比をとる。対応した点を結んだものをローレンツ曲線という。

　ローレンツ曲線が原点を通る傾き 45 度の直線を完全平等線といい、構成員全員の所得が平等であることを示している。ジニ係数は完全平等線とローレンツ曲線で囲まれた弓形の面積を 2 倍することにより求めることができる。

　ジニ係数は 0 から 1 の間を示し、0 は完全平等で、0 に近いほど所得分布は平等に近づく。1 に近いほど不平等度が高いことを示している。厚生労働省のサイトによれば、日本における等価可処分所得のジニ係数の推移は以下のようになっている。

　1985 年 0.304、1995 年 0.323、2000 年 0.337、2012 年 0.33 である。2012 年の日本のジニ係数は OECD 諸国の平均よりも若干高い。

　格差をみるポイントは所得だけではない。生涯所得を念頭において人々が消費を行うのであれば、消費は格差を測る物差しになろう。また資産の格差という視点もある。

２．貧困

　貧困率とは所得がある一定水準を満たさない人々の割合をいう。貧困率には絶対的貧困率と相対的貧困率とがある。

　絶対的貧困とは、最低生活を維持するのに必要な所得の水準をいい、世界銀行では、2015 年 10 月、国際貧困ラインを 2011 年の購買力平価（ppp）に基づき 1 日、$1.90 と設定している。なお 2015 年 10 月以前までは、1 日、$1.25 の設定であった。この基準以下の所得の人の割合を絶対的貧困率という。

　世界銀行のサイトによれば、貧困ラインを $1.90 と設定した場合の世界の貧困率は、1990 年は 36%、2015 年は 10%である。また世界の貧困層の数については、1990 年は 18 億 9500 万人で、2015 年は 7 億 3600 万人である。

　これに対して、相対的貧困の概念では、総世帯もしくは個人の所得の中央値に対して一定割合（50%）を貧困線と称し、貧困線以下を相対的貧困という。社会における相対的貧困の割合が相対的貧困率である。

　中央値と平均値は異なる概念である。中央値とは、たとえばクラスに 31 人いる学生に背が低い順に並んでもらったとき、真ん中になる学生の身長のことである。つまり、背の低い学生のほうから数えても高いほうから数えても 16 番目になる学生の身長が、このクラスの身長の中央値になる。中央値は分布を代表する中心的傾向の特性として使うことができる。

　中央値のほうが平均値よりも社会の実態として真ん中を示すことが多い。一般的な会社員が年代別に発表された社会の平均所得と自分の所得と比べると、平均値よりも低くなっていることが多い。これは、一部の高所得者が平均値を引き上げているからである。

　厚生労働省『国民生活基礎調査』によれば、2015 年の日本の総世帯の中央値（名目）は 244 万円である。貧困線はその半分の 122 万円である。この貧困線以下の所得の世帯の割合、つまり相対的貧困率は 15.7%である。この数値は OECD 諸国の中では、第 6 位の高さで

ある。

　阿部他（2008）は、日本の貧困率を上昇させている要因を下記 4
点あげている。

①人口の高齢化

　日本では高齢者の貧困率は他の年齢層の貧困率に比べて高い。そ
のため、高齢化が進むと貧困率が高くなることになる。

②世帯構造の変化

　単身世帯や母子世帯は貧困率が高い。これらの世帯は上昇傾向に
あるため、貧困率が高くなる。

③市場から得る所得の悪化

　人々が市場から得る所得（市場所得）が悪化していることがある。
たとえばワーキングプアの数は増加している。ワーキングプアとは、
働いているが、所得が貧困基準を下回る労働者をさす。また非正規雇
用の割合も増加している。

④社会保障と税制の貧困削減効果の減少

　税制は累進課税制度など再分配機能を持つとはいうものの、貧困
削減機能は期待されておらず、その機能は小さい。

　高齢化が進むと貧困率が高まることを藤田（2015）は如実に示し
ている。藤田は「下流老人」という流行語を生み出した。藤田は下流
老人には以下の 3 つが「ない」としている。

①収入が著しく少ない。

　高齢者世帯の 90.1%は全世帯の平均所得額を下回る。

②十分な貯蓄がない。

　高齢者の平均貯蓄は 1268 万円だが、「貯蓄なし」の高齢者が 16.8%
もいる。4 割以上の世帯が貯蓄額 500 万円に満たないのが現実だ。

③頼れる人間がいない

　世帯構造が変化し、母子家庭が増加すれば子どもの貧困も増加す
る。2015 年の子どもの貧困率は 13.9%で、OECD 加盟国の平均を上
回っている。この背景には非正規雇用の増加や「失われた 10 年、20
年」という言葉に示されるような長期の景気低迷がある。

第10章　財政健全化

1．財政の3機能

　本来、資本主義経済では市場メカニズムを前提としており、政府が経済活動をする必要はない。しかし、現実には民間部門だけでは、円滑に機能しないケースも出てくる。

　そこで財政の機能が必要になってくる。財政には3つの機能がある。

①資源配分の機能

　民間に任せておいても適切に供給されない財・サービスもある。たとえば、某国からミサイルが飛来するかもしれないと仮定して、国防をビジネスで企図する民間企業があったとしよう。国防による受益者は国民であるが、国民は当該企業に防衛料金を支払うであろうか。すると国防というサービスの供給を行う企業は登場しないだろう。

　同様のことが警察サービスなどにもいえよう。これらは、純粋公共財といい、非排除性と非競合性をもつ。非排除性とは対価を支払わない人の利用を排除できないことをいう。非競合性とはある者の消費の増加が他の者の消費を減らさないことをいう。つまり消費が競合しないことをいう。

　これに対して、非排除性と非競合性のいずれかの性質をもつ財・サービスを準公共財といい、公園などが該当する。

　また、外部性の対応もある。外部性とは、経済主体の行動が市場を通じずに他の経済主体に影響を与えることで、正、負それぞれの影響

がある。代表的な例として正の場合は教育、負の場合は公害がある。正のときは外部経済、負のときは外部不経済という。

②所得再分配

　市場メカニズムが機能して資源が効率的に配分されていても、社会全体として望ましい状態が実現できているとは限らない。所得格差が甚だしい場合や、病気・怪我・高齢などにより仕事がみつけられず、所得が低い場合などがある。

　所得再分配の手法には、所得に対する累進課税の導入、生活保護や失業給付などの社会保障、低所得者向けの公営住宅の提供などがある。世代間の所得再分配としては、年金、高齢者医療制度などがある。

③経済の安定化

　資本主義経済では必ず景気変動が起きる。この景気変動を小さくし、経済を安定化させる機能をもつ。

　手法は 2 種類ある。裁量的な財政政策と制度に組み込まれたものである。前者は公共工事などにより有効需要を起こし景気対策を行うものである。後者はビルトインスタビライザー（自動安定化機能）である。たとえば、累進課税制度や法人税が該当する。

２．財政健全化

　政府は 2015 年に策定された「経済・財政再生計画」にそって経済・財政一体改革を進めてきたが、目標である 2020 年度の基礎的財政収支黒字化が困難になったことを踏まえ、2018 年 6 月に「新経済・財政再生計画」を策定し、「経済再生なくして財政健全化なし」との基本方針を堅持し、引き続き、「デフレ脱却・経済再生」、「歳出改革」、「歳入改革」の 3 本柱の改革を加速・拡大することとした。

　この中で、新たな財政健全化目標として、①2025 年度の国・地方を合わせた基礎的財政収支黒字化をめざすとともに、②同時に債務残高対ＧＤＰ比の安定的な引き下げをめざすこととしている（『令和元年度経済財政白書』）。

第11章　異次元の金融政策

1．日本銀行

　日本銀行は 1882 年に設立された日本の中央銀行である。日本銀行は政府の機関ではない。日本銀行の意思決定は政策委員会が行っている。そのうち金融政策について行うものを金融政策決定会合と呼ぶ。

　政策委員会は総裁、副総裁 2 名、審議委員 6 名の計 9 名で構成されている。日本銀行法第 3 条では日本銀行の（政府からの）独立性の強化と透明性の確保が謳われている。

　日本銀行法第 1 条に日本銀行の目的が書かれている。すなわち「通貨および金融の調節」と「信用秩序の維持」である。したがって日本銀行は物価の安定と金融システムの安定を目標とし、金融政策を行うことになる。

　日本銀行の基本的な機能は下記の 3 つである。

①発券銀行

　日本で紙幣を発行できるのは日本銀行だけである。かつて民間の金融機関が紙幣を発行した時代もあったが、インフレを引き起こしたため、現在では中央銀行にのみ発券が認められている。世界各国で通常のルールである。

②銀行の銀行

　民間銀行は日本銀行に当座勘定を持ち、その勘定を通じて決済を行っている。日本銀行は民間銀行の決済サービスを行う銀行の銀行

である。また民間銀行に信用供与も行う。

③政府の銀行

　日本銀行は政府の銀行として政府預金の受け入れや国債の業務を行い、また政府の指示にもとづき外国為替の介入も行う。

　こうした機能は先進国中央銀行にほぼ共通である。

２．伝統的な金融政策

　まず従来からある伝統的な金融政策を紹介しよう。現在は使用されていない手法もある。

①公開市場操作

　現代日本の金融政策の中心的な手段である。日銀が主に短期金融市場を通じて民間銀行に資金を供給する手法である。

　金融緩和の際は、日銀は民間銀行から短期国債や手形などの短期証券を購入する（買いオペ）。短期証券の購入代金として日銀から民間銀行に資金が供給され、短期金融市場における金利も低下する。民間銀行は企業に低利の貸出が可能になる。

　金融引き締めの際は、この逆の動きになり、日銀に資金が吸収され金利も上昇する（売りオペ）。

②貸出政策（公定歩合操作）

　公定歩合操作は、かつては代表的な金融政策であったが、現在では、公開市場操作を補完しコールレートの上限を画す役割にとどまっている。公定歩合の正式名称は「基準割引率及び基準貸付利率」に変更された。

③預金準備率操作

　民間銀行は預金の引き出しに備えて一定割合（準備率）を準備預金として日銀に預入することが義務になっている。この預金者保護の制度を金融政策として用いるものである。

　預金準備率の変更は 1991 年が最後で、それ以降実施されていない。規定以上の準備を民間銀行は抱えているのが近年の実態である。

　伝統的な通常の金融政策では短期金融市場の利子率をある一定水

準に維持するように実施される。

　1999年2月から2000年8月まで行われていたゼロ金利政策では、操作目標である無担保コールレートを事実上ゼロ%にすることを目標にした。

　短期金利（コールレート）を操作目標にする伝統的な金融政策は、金利がゼロに近い特殊な状況では機能しない。金利がゼロに近いと通貨で所有しようとする。これを「流動性の罠」と呼ぶ。こうした状況でデフレに対処するため非伝統的金融政策が行われるようになった。

3．非伝統的な金融政策

　2001年3月の量的緩和政策では操作目標が無担保コールレートから日本銀行当座預金残高になった。金利ではなくお金の量を操作目標にしたのである。

　2012年、日本再生をテーマとする第二次安倍内閣が発足し、三本の矢（アベノミクス）が打ち出された。三本の矢とは以下をさす。
①大胆な金融政策
②機動的な財政政策
③民間投資を喚起する成長戦略。

　アベノミクスの第一の矢である「大胆な金融政策」を受けて、2013年4月に日銀は、次のような量的質的緩和を導入した。
①インフレ目標：2年程度で2%のインフレを実現するという目標を掲げた。
②量的緩和：金融政策の操作目標を短期金利から日銀が供給する資金の量に変更した。
③資産購入：非伝統的な長期国債やリスク資産（株式上場投資信託（ETF）、不動産投資信託（REIT））を大量に購入し、これらの残高を2年で2倍にするとした。

　今日の金融政策は異次元緩和とか量的質的緩和（QQE：Quantitative-Qualitative Easing）と言われている。黒田日銀総裁が

導入時の会見で「これまでとは次元の異なる金融緩和」と発言したため異次元緩和とも称される。

４．マイナス金利

　一言でマイナス金利を説明するならば、マイナス金利とは、民間の金融機関が中央銀行（日本では日銀）に預けている預金金利をマイナスにすることである。

　金利のマイナス化により、預金者が金利を支払うことになる。日銀のマイナス金利政策は、2016年1月に「マイナス金利付き量的・質的金融緩和」として導入された。

　日銀のマイナス金利政策でマイナス金利が適用されるのは、金融機関が持つ日銀の当座預金のごく一部である。日銀はマイナス金利政策によって、金融機関が日銀に資金を預けたままにしておくと金利を支払わなければならなくすることで、金融機関が企業への貸出や投資に資金を回すように促し、経済活性化とデフレ脱却を目指している。

第12章　まち・ひと・しごと創生

　本章では内閣官房・内閣府総合サイトを参考にして日本の人口動向、そしてまち・ひと・しごと創生について概略を説明しよう。

1．東京圏と地方の人口動向

　日本の総人口は今後 100 年間で 100 年前の水準に戻るかもしれない。これは 1000 年単位で見ても例のない急激な変化である。

　都道府県別の出生率をみると東京が最も低く、1.21 であり、もっとも高いのは、沖縄県の 1.94 である。なお埼玉県 1.36、千葉県 1.34 神奈川県 1.34 で、東京圏の平均出生率は 1.31 と極めて低い。京都は 1.31、大阪は 1.35 である。

　地方から三大都市圏へ若年層が流出・流入し、その上に低出生率がという現象が加わり、人口減少が続いている。人口流入によって東京圏に人口が集中している。しかし、2050 年には、全国の約半分の地域で人口が 50%以上減少し、うち 2 割が無居住化すると予想されている。

　2000 年から 2015 年の 15 年間で、東京圏以外の地方の 15〜29 歳の若年人口は約 3 割にあたる 532 万人という大幅な減少となっている。また地方の出生数も約 2 割にあたる 17 万人が減少している。

　この状況に対して、国の長期ビジョンは、2060 年に 1 億人程度の人口を維持する中長期展望を提示している。

　基本的な視点には 3 つある。

①東京一極集中の是正
②若い世代の就労・結婚・子育ての希望の実現
③地域の特性に即した地域課題の解決

　こうして将来にわたって活力ある日本社会を維持する。若い世代の希望が実現すれば、出生率は 1.8 程度に向上し、50 年後には人口1 億人程度が確保され、人口構造が若返る時期を迎えると考えられる。

　人口の安定化とともに生産性の向上が図られ、50 年後も実質 GDP 成長率は 1.5〜2%程度が維持されることになると期待される。

　地方創生は、日本の創生であり、地方と東京圏がそれぞれの強みを活かして、日本全体を引っ張ってゆくのが、地方創生がもたらす日本社会の姿である。

　具体的には次のような姿である。
①自らの地域資源を活用した、多様な地域 社会の形成を目指す。
②外部との積極的なつながりにより、新たな視点から活性化を図る。
③地方創生が実現すれば、地方が先行して若返る。
④東京圏は、世界に開かれた「国際都市」への発展をめざす。

　地方創生はまち・ひと・しごと創生総合戦略により実現をめざしている。まち・ひと・しごと創生とは、まち・ひと・しごとを一体的に推進することである。
「まち」とは、国民一人一人が夢や希望を持ち、潤いのある豊かな生活を安心して営める地域社会の形成をさす。
「ひと」とは、地域社会を担う個性豊かで多様な人材の確保をさす。
「しごと」とは、地域における魅力ある多様な就業の機会の創出することをさす。

　まち・ひと・しごとの創生に向けては、人々が安心して生活を営み、子供を産み育てられる社会環境を作り出すことによって、活力にあふれた地方の創生をめざすことが急務の課題である。

　このため、地方において、「しごと」が「ひと」を呼び、「ひと」が「しごと」を呼び込む「好循環」を確立することで、地方への新たな

人の流れを生み出すとともに、その「好循環」を支える「まち」に活力を取り戻すことに取り組むこととしている。

　まち・ひと・しごと創生法の第 1 条には、その目的が次のように述べられている。

「少子高齢化の進展に的確に対応し、人口の減少に歯止めをかけるとともに、東京圏への人口の過度の集中を是正し、それぞれの地域で住みよい環境を確保して、将来にわたって活力ある日本社会を維持していくために、まち・ひと・しごと創生 に関する施策を総合的かつ計画的に実施する」

　わが国は、このまま推移すると次のようなことが危惧される。日本全体としては、人口減少が止まらず、高齢化が高どまりし、マイナス成長のおそれがある。

　中山間地域では、地域生活維持が困難となり、地方都市では、人口の流出が止まらず、地域経済社会は縮小する。大都市（東京圏）では高齢化が進展、生産年齢層が減少し、活力が低下するおそれがある。

　これらの危惧に対して、地方創生がめざす姿は、次のようなものである。日本全体では、人口減少の歯止めをかけ、人口を安定させ、若返りさせる。また生産性向上により経済成長を高める。

　中山間地域では、豊かな自然や地域の絆の中で地域生活を確保することをめざす。

　地方都市では、人口ダム機能を発揮、地域資源を活用し、持続的な発展をめざす。人口のダム機能とは、首都圏への人口集中回避のために、地方の中核都市に投下資源を集中させて、人口（特に若年層）の流れを止める機能をさす。

　大都市（東京圏）では、安心安全な暮らしの確保、国際都市としての発展をめざす。

2．まち・ひと・しごと創生「長期ビジョン」と「総合戦略」

　まち・ひと・しごと創生「長期ビジョン」と「総合戦略」の全体像を以下に示そう。

基本目標（1）地方にしごとをつくり、安心して働けるようにする。

①生産性の高い、活力に溢れた地域経済実現に向けた総合的取組

・地域の技の国際化、地域の魅力のブランド化、地域のしごとの高度化

・創業支援・起業家教育、事業承継の円滑化、事業再生・経営改善支援、人材確保等

・ICT 等の利活用による地域の活性化、地域経済牽引事業の促進、近未来技術の実装等

②観光業を強化する地域における連携体制の構築

・DMO を核とする観光地域づくり・ブランディングの推進、受入環境整備

・多様な地域資源（文化、スポーツ、産業遺産等）を活用したコンテンツづくり

③農林水産業の成長産業化

・需要フロンティアの拡大、バリューチェーンの構築、農業生産現場の強化、林業の成長産業化、漁業の持続的発展等

④地方への人材還流、地方での人材育成、地方の雇用対策

・女性・高齢者等の活躍による新規就業者の掘り起こし、「プロフェッショナル人材戦略拠点」の活用促進、地方における外国人材の受入れ等

基本目標（2）地方への新しいひとの流れをつくる。

①政府関係機関の地方移転

・文化庁等の中央省庁等の地方移転の推進、サテライトオフィスの継続実施等

②企業の地方拠点強化等

・本社機能の移転や地方での拡充を行う事業者に対する支援措置の一層の推進等

③地方創生に資する大学改革

・日本全国や世界中から学生が集まるような「キラリと光る地方大

学づくり」、東京 23 区における大学の定員抑制、地方と東京圏 の大学生の対流促進等
④地域における魅力あるしごとづくりの推進等
・起業・創業の促進、東京に本社を持つ大企業等による地方での雇用機会の創出、地方創生インターンシップの推進、奨学金 返還支援制度の全国展開等
⑤子供の農山漁村体験の充実
・取組の一層の推進に向けた財政支援の拡充、受入側の情報等を盛り込んだコーディネートシステムの構築、農山漁村体験の 教育効果についての広報等
⑥地方移住の推進
・「生涯活躍のまち」の推進、「地域おこし協力隊」の拡充、地方生活の魅力の発信、UIJ ターンによる起業・就業者創出等

基本目標（３）若い世代の結婚・出産・子育ての希望をかなえる。
①少子化対策における「地域アプローチ」の推進
「地域働き方改革会議」における取組の支援、先駆的・優良な取組の横展開等
②若い世代の経済的安定
・新卒者等への就職支援、フリーター等の正社員化支援
③出産・子育て支援
・幼児教育の無償化、待機児童の解消

基本目標（４）時代に合った地域をつくり、安心なくらしを守るとともに、地域と地域を連携する。
①まちづくり・地域連携
・連携中枢都市圏の形成、定住自立圏の形成の促進
・エリアマネジメント等によるまちづくりの推進
・都市のコンパクト化と周辺等の交通ネットワーク形成に当たっての政策間連携の推進

・中枢中核都市の機能強化
②「小さな拠点」の形成（集落生活圏の維持）
　地域住民による集落生活圏の将来像の合意形成及び取組の推進
③大都市近郊の公的賃貸住宅団地の再生・福祉拠点化
・公的賃貸住宅団地のストック活用や建替え時の福祉施設等の併設
による団地やその周辺地域における高齢者の地域包括ケアの拠点の
形成等の推進
④地方公共団体の持続可能な開発目標（SDGs）の達成に向けた取組
の推進
・地方公共団体による SDGs 達成に向けた「SDGs 未来都市」
・「自治体 SDGs モデル事業」の推進、「地方創生 SDGs 官民連携プ
ラットフォーム」を通じた官民連携の促進等

　また地方創生版の三本の矢とは以下をさす。
①情報支援（地域経済分析システム（RESAS））
②人材支援（地方創生人材支援制度、地方創生カレッジ、プロフェッ
ショナル人材事業）
③財政支援（地方創生推進交付金、企業版ふるさと納税、まち・ひと・
しごと創生事業費）

３．まち・ひと・しごと創生第 2 期の枠組みと取り組み

　第 2 期（2020 年度～2024 年度）の枠組みは、第 1 期（2015 年度
～2019 年度）での地方創生について、継続を力にし、より一層充実・
強化を図る。
　第 2 期（2020 年度～2024 年度）における新たな視点は以下の 4
点である。
①地方へのひと・資金の流れを強化する。
・将来的な地方移住にもつながる「関係人口」の創出・拡大。
・企業や個人による地方への寄附・投資等を用いた地方への資金の
流れの強化。

②新しい時代の流れを力にする。
・Society5.0 の実現に向けた技術の活用。
・SDGs を原動力とした地方創生。
・「地方から世界へ」。
③人材を育て活かす。
・地方創生の基盤をなす人材に焦点を当て、掘り起こしや育成、活躍を支援。
④民間と協働する。
・地方公共団体に加え、NPO などの地域づくりを担う組織や企業と連携。
⑤誰もが活躍できる地域社会をつくる。
・女性、高齢者、障害者、外国人など誰もが居場所と役割を持ち、活躍できる地域社会を実現。
⑥地域経営の視点で取り組む。
・地域の経済社会構造全体を俯瞰して地域をマネジメント。

　2020 年度における各分野の主要な取組は下記 5 点である。
①地方にしごとをつくり安心して働けるようにする、これを支える人材を育て活かす。
・「地域人材支援戦略パッケージ」等による人材の地域展開
・新たなビジネスモデルの構築等による地域経済の発展
・「海外から稼ぐ」地方創生
・地方創生を担う組織との協働
・高等学校・大学等における人材育成
②地方への新しいひとの流れをつくる
・地方への企業の本社機能移転の強化
・企業版ふるさと納税の活用促進による民間資金の地方還流
・政府関係機関の地方移転
・「関係人口」の創出・拡大
・地方公共団体への民間人材派遣

・地方の暮らしの情報発信の強化

③若い世代の結婚・出産・子育ての希望をかなえる、誰もが活躍できる地域社会をつくる

・個々人の希望をかなえる少子化対策

・女性、高齢者、障害者、外国人等が共生するまちづくり

④時代に合った地域をつくり、安心なくらしを守るとともに、地域と地域を連携する。

・交流を支え、生み出す地域づくり

・マネジメントによる高付加価値化

・Society5.0 の実現に向けた技術の活用

・スポーツ・健康まちづくりの推進

⑤連携施策等

・地方創生に向けた国家戦略特区制度等の推進

・規制改革、地方分権改革との連携

・東日本大震災の被災地域における地方創生の加速化

・国土強靱化等との連携

　地域内経済が潤わない理由や、地域の経済循環の測定方法については、第 13 章で述べる。地方創生の手法や主体は様々に考えられる。

　第 14 章では、農業を中心とした地方創生を、第 15 章では観光業による地方創生を、第 16 章では、ソーシャルビジネスによる地方創生を、第 20 章では、エネルギーによる地方創生を考察する。

第13章　地域内経済の循環

1．バケツの穴

　地域の経済を水の入ったバケツに例えるならば、循環していない地域経済とは穴から水が漏れ出ている状況といえるであろう。

　では、地域経済が潤わない理由は何だろうか。まず地域に稼ぐ力が必要だ。しかし、たとい稼いでも所得が地域外へ流出すれば、地域内の所得は増えない。

　また地域の経済効果を考える上で二つの盲点がある。一つはトレードオフの問題である。トレードオフとは、Xが増えれば、Yが減少する状況をさす。あちら立てればこちらが立たずということである。

　たとえば、ふるさと名物を開発し、地元の土産店で好調な売れ行きを示したとしよう。しかし、その売上がすべて経済効果として、その地域の所得の純増になるというわけでもない。

　なぜならば、土産店で、新商品のふるさと名物Aがよく売れたとしても、この地域で土産品を買う消費者の予算が同じであるならば、商品Aの売上が増えた分だけ、商品Bや商品Cの売上が減少している可能性があるからだ。商品Aも増え、他の商品B、Cも増加していなければ、地域としての純増にはならない。ふるさと名物は従来の商品の売上をはるかに上回り、なおかつ他の商品にも波及効果が及ぶことが理想である。

　第二に、供給側の限度ということがある。たとえば、観光により地方創生をめざし、マスコミで取り上げられ、急に観光客が押し寄せた

としよう。しかし、その地域で宿泊できるホテルの数、部屋数には限度がある。レストランなども同じだ。混雑して待ち時間が長ければ、十分なおもてなしを受けたとは思えず、かえって満足度が下がることになる。

　ホテルやレストランを急いで増設しても、ブームがすでに去っていて、今度は稼働しない遊休資産となるおそれがある。経済効果の測定にはこういった盲点がある。

2. 地域内経済循環の測定方法

　地域内の経済循環を測定する主な方法には①産業連関分析、②LM3（Local Multiplier：地域内乗数 3）、③地域付加価値分析等が考えられる。順に紹介しよう。

①産業連関分析（Input-Output Table）

　産業連関表は投入産出表、あるいは IO 表、レオンティエフ表ともいう。産業連関表の縦の欄（列）に一定期間に各産業部門が財・サービスをどの部門からどれだけ購入したのかを示す。横の欄（行）には、どの部門へどれだけ販売したかを示す。

　縦方向から見た投入額（中間投入額＋付加価値額）の合計（列和）と横方向から見た産出額（中間需要額＋最終需要額）の合計（行和）は、すべての産業部門で一致する。

②LM3（Local Multiplier3：地域内乗数 3）

　消費・流通・生産の 3 段階で地域内の循環を分析する。地元にあるスーパーマーケットを例にして考えてみよう。まず地域住民がスーパーで買い物をし、スーパーに売上が発生する。

　住民の消費額は事業者の売上額であるが、これを R1（Round1）という。次に R2（Round2）であるが、スーパーの売上の中で、地元従業員に支払う給料、スーパーへの納入業者の内、地元業者への支払額は域内に循環する。これが R2（Round2）である。

　R3（Round3）は地元の従業員と地元の納入業者が地元で使用した金額を示す。LM3 は、R1、R2、R3 の合計額を R1 で除した数値を

さす。たとえば、R1 が 100 百万円、R2 が 35 百万円、R3 が 10 百万円とするならば、100 百万円+35 百万円+10 百万円=145 百万となり、LM3 は、145 百万円÷100 百万円=1.45 である。

　このスーパーが 1 円の収入を得ると、地域には 1.45 円が還元され、地域経済を潤すことになる。LM3 の数値が大きいほど、地元貢献率が高いことを示す。

③IÖW モデルを用いた地域付加価分析

　地域の付加価値と経済波及効果は異なる。経済波及効果とは、新たな需要が、次の新しい需要を喚起し、誘発してゆく効果をいう。付加価値は、経済主体が行う経済活動により、新たに付加された価値をさす。IÖW モデルによる地域付加価値分析を Heinbach et.al（2014）にもとづきその要点を説明しよう。

　IÖW モデルではポーターのいうバリューチェーンの考え方を応用して、再生可能エネルギー事業を 4 段階にわけている。

①システム製造段階 Systems manufacture

②計画導入段階 Planning and installation

③運営維持段階 Operation and maintenance (O&M)

④システムオペレーター　System operator

　4 つのバリューチェーンから得られる付加価値を 3 つの経済主体に属するものに分類し、次の 3 つの構成要素を示している。

①事業者の税引後利潤　Profits of Enterprises

②従業員の可処分所得　Incomes of Employees

③地方税収入　Taxes

　産業連関表は、地方自治体レベルでは作成されていない場合もあり、更新も 5 年毎である。また再エネ産業は、既存の石炭・石油発電とは性質が異なる産業であり、従来の電気供給業と同一に扱うことができない。地方自治体やプロジェクトレベルでの最新分析には産業連関分析よりも IÖW モデルによる地域付加価値分析のほうが適するであろう。なお近年、再エネ事業部門に関して拡張・修正した産業連関表を作成し分析する試みも行われている。

第14章　地方創生と農業

1．六次産業

　地方創生の手段の一つが農業であろう。農業は地方の産業として大きな可能性を秘めている。少子高齢化、農村の労働人口減少、過疎化などで農業は衰退産業としての問題を抱えている。その一方で交付金、税金優遇などが行なわれている。

　このような中で政府が成長戦略の核として掲げた「日本再興戦略2016」では、農業に関しては生産コストを削減し、法人化・大規模化を進め、競争力を高めてゆくことを示し、農業においても他の産業同様、効率化による差別化、競争力アップを説いている。

　具体的な目標数値には以下のようなものがある。
今後10年間（2023年まで）で全農地面積の8割が担い手によって利用される（2013年度末は48.7％）。

　2023年までの今後10年の間で法人経営体数を2010年の約4倍の5万法人とする（2010年は1万2511法人）。六次産業の市場規模を2020年に10兆円とする（2014年度は5.1兆円）。

　六次産業の六次とは一次×二次×三次＝六次による。農家が自ら生産し（一次産業）、自ら加工し（二次産業）、市場を通さず自ら販売する（三次産業）という生産からエンドユーザーまで農家が担当し付加価値を入手するというスキームである。

　生産・加工・販売という3つの事業を実施するためには豊富な人的資源が必要とされ、農業法人が要求されるレベルも高くなること

になる。農林水産省「GDP に関する統計」によれば、平成 28 年の日本の GDP は 5,384,458 億円、内農業 52,399 億円で、そのウエイトは 0.973％ということになる。国内銀行・信用金庫による貸出先別の残高では農業分野への貸出は 2017 年 3 月で 1 ％にも満たない。

　農業貸出は決して大きなウエイトを占めているわけではない。しかし、今後農業経営において法人化が進めば農業にイノベーションが起こることが期待され、地域金融機関のビジネスチャンスも高まることになろう。地方創生の鍵の一つとして農業は期待される分野の一つであろう。

２．スマート農業

　少子高齢化、農村人口減少という逆風に対して、ロボットや IoT を導入したスマート農業により生産性を高め、付加価値を高めた高品質の商品が期待される。また、海外では食糧生産が不足しており、海外需要が高まりつつあり、成長市場が期待される。

　農業用ロボットには、様々な種類がある。農業用ロボットといえば、農薬や肥料を散布するドローンがもっともイメージしやすいだろうか。

　米・麦に代表されるような農作物を栽培・収穫を自動化する遠隔地操縦型や自動操縦型のロボットがある。またデータモニタリング、環境制御、品質評価、仕分けなどの作業を自動化するロボットがある。畜産では搾乳ロボットが、物流では選別ロボットがある。

　省力化のみならず、ロボット導入による品質保証も重要な課題である。モジュール分散協働型収穫支援ロボットシステム（自走式イチゴ収穫ロボット）は、大粒完熟イチゴの果実本体にまったく触れることなく収穫し消費者まで届けることを可能にした。ゆえに果実にダメージがなく高級イチゴなのである。このシステムは 2016 年の第 7 回ロボット大賞（文部科学大臣賞）を受賞している。

第15章　地方創生と観光業

　観光庁のサイトをもとにして DMO について説明しよう。

　DMO とは、Destination Management Marketing Organization の略で、地域の多様な関係者を巻きこみつつ、科学的アプローチを取り入れた観光地域づくりを行う舵取り役となる法人のことである。

　この DMO を各地域で形成・確立し、地域資源を最大限に活用し、効果的・効率的な集客を図る稼げる観光地域づくりを推進する。

　「日本版 DMO」は、地域の「稼ぐ力」を引き出すとともに地域への誇りと愛着を醸成する「観光地経営」の視点に立った観光地域づくりの舵取り役として、多様な関係者と協同しながら、明確なコンセプトに基づいた観光地域づくりを実現するための戦略を策定するとともに、戦略を着実に実施するための調整機能を備えた法人である。

　このため、「日本版 DMO」が必ず実施する基礎的な役割・機能（観光地域マーケティング・マネジメント）としては、

①「日本版 DMO」を中心として観光地域づくりを行うことについての多様な関係者の合意形成

②各種データ等の継続的な収集・分析、データに基づく明確なコンセプトに基づいた戦略（ブランディング）の策定、KPI の設定・PDCA サイクルの確立

③関係者が実施する観光関連事業と戦略の整合性に関する調整・仕組み作り、プロモーション

　が挙げられる。

また、地域の官民の関係者との効果的な役割分担をした上で、例えば、着地型旅行商品の造成・販売やランドオペレーター業務の実施など地域の実情に応じて、「日本版 DMO」が観光地域づくりの一主体として個別事業を実施することも考えられる。

　DMO を取り巻く多様な関係者には、宿泊施設、商工業者、農林漁業者、交通事業者、飲食店、地域住民、行政機関などさまざまである。

　戦略にもとづく一元的な情報発信・プロモーションを行い、地域一体の魅力的な観光地域づくりを行い、観光客を呼び込み、観光による地方創生を行う。

　前章では、地方創生と農業について述べたが、観光と農業を融合して地方創生を行う試みもある。たとえば、農山漁村における農林漁業体験・宿泊体験などがあろう。

　地方創生には様々な手法があるだろう。地方創生の核となる主体も様々なものが考えられる。

　筆者はその一つの可能性としてお寺があると考えている。地域の課題解決の拠点としてお寺は大きな可能性を秘めている。お寺を宿泊施設として利用できるであろう。シェアリングエコノミーである。

　お寺の屋根に太陽光発電のパネルを設置し、地域のエネルギー供給を行い、災害時の避難所の役割も期待できるであろう。

　また何らかの事情で教育を受けられなかった地域の人々や高齢者の集うサロンを兼ねた教育機関—「寺子屋」とでも呼ぼうか—としての活躍も期待されるであろう。

第16章　地方創生とソーシャルビジネス

　地方創生には様々な手法があるだろう。地方創生を推進する主体には地方公共団体、NPO、民間企業、地域金融機関など様々な組織が考えられるであろう。その中で期待される一つの形態がソーシャルビジネスである。

　ソーシャルビジネスとは何かということに社会的に認められた共通の定義があるわけではない。グラミン銀行創設者でノーベル平和賞を受賞したムハマド・ユヌスは『3つのゼロの世界』の中で「ソーシャルビジネスは、コストを回収しながら問題を解決するためにデザインする。一山当てて大金を得るためではない」としている。

　ユヌスは『ソーシャル・ビジネス革命』の中で次のように述べている。
「エコノミストたちは、人間が自己利益のみを追求して経済活動を行うという前提でビジネス理論全体を構築してきた。そして個人が自由に自己利益を追求することによって、社会的利益が最大になると結論づけた。この人間性の解釈は、政治、社会、感情、精神、環境など、人生のそのほかの側面が果たす役割を否定している。確かに、人間は利己的な存在だ。しかし同時に利他的な存在でもある。（中略）このふたつ目のビジネス、つまり人間の利他心に基づくビジネスこそ、ソーシャルビジネスだ。現代の経済理論に欠けているのはまさにこの考え方だ」

　このように、ソーシャルビジネスを利他心に基づくビジネスと定

義している。

　ユヌスのソーシャルビジネス7原則を『ユヌス教授のソーシャル・ビジネス』をもとに以下にまとめてみよう。

①通常のビジネスのように利潤最大化を目的とするのではなく、その地域の社会的問題の解決を第一の目的にする。
②助成金や寄付に頼らず、あくまでビジネスで利益を確保し、活動の組織的な自立と持続を可能にする。
③出資者に出資金を超える額の利益還元は行わない。
④投資の元本の回収以降に生じた利益はソーシャルビジネスの普及と、よりよい実施のために使われる。
⑤環境へ配慮する。
⑥従業者は、よい労働条件と給料を得ることができる。
⑦このビジネスは、誰にとっても楽しく行われなくてはならない。

　経済産業省「ソーシャルビジネス研究会報告書」によれば、ソーシャルビジネスは社会的課題を解決するためにビジネスの手法を用いて取り組むものとして、①社会性、②事業性、③革新性の3要件を満たす主体をソーシャルビジネスと捉えている。
　それでは、「社会的課題」とは何であろうか。経済産業省「ソーシャルビジネス55選」は日本のソーシャルビジネスの先進事例として4グループに分け55の活動を紹介している。以下の4項目が経済産業省の考える「社会的課題」ということになるであろう。

①街づくり・観光・農業体験等の分野で地域活性化のための人づくり・仕組みづくりに取り組むもの。
②子育て支援・高齢者対策等の地域住民の抱える課題に取り組むもの。
③環境・健康・就労等の分野での社会の仕組みづくりに貢献するもの。

④起業家育成、創業・経営の支援に取り組むもの。

　今日、我が国の「社会的課題」には様々なものがある。上記に掲げた項目は全て重要な項目と思われるが、看過できないのは、当事者が助けを求める声をあげることすらできなくなっている「社会的排除」の問題である。

　社会的排除とは貧困・心身の障がい等何らかの要因から教育・就労の機会を阻まれ社会的に孤立した状態になっていることをさす。

　ソーシャルビジネスという概念が登場した背景には、従来、社会的課題の対応は政府の役割とみなされてきたが、国の財政事情、また対応する課題の専門性などから、政府のみならず NPO や私企業がその特長を発揮することが期待されるようになり（福祉多元主義）、さらに公共サービスに市場原理を導入する NPM（New Public Management）の動きも広がりつつあるという状況がある。

　「ソーシャルビジネス研究会報告書」が示す 3 要件のうち、社会性と事業性は必ずしも両立できるとは限らない。社会的排除による無職の人の就労支援など社会性を重視するならば採算性を度外視せざるを得ない状況が起きても何ら不思議ではない。

　ソーシャルビジネスの資金調達は重要な問題である。クラウドファンディングなどのフィンテックは期待される手法であろう。

第１７章　環境と経済

１．市場の失敗

　まず環境経済学に関する基礎的な知識を確認しておこう。近代経済学では、市場メカニズム（市場の機能）が社会を豊かにするという基本的な考え方がある。

　市場メカニズムがうまく機能するのは完全競争を前提としている。完全競争の条件をあげてみよう。まず市場に多数の売り手、買い手が存在することだ。この逆は独占・寡占という状況である。参入・退出の自由があること。自由競争は参入も退出も自由であることが必要だ。さらに資源移動の自由があることだ。また情報が完全であることが要求される。この反対は情報の非対称性があるという。

　さて、市場機能に任せればうまくいくということばかりではない。市場の機能が場合によっては我々の生活にとって好ましくないこともある。

　市場の失敗の例をあげてみよう。まず公共財がある。我々が通常、所有するために購入する財は私的財である。しかし通常は「私的」という部分を取って「財」という。

　通常の財は、誰かが消費したら、他の誰かは消費することができない性質がある。しかし、公共財は多くの人が同時に消費できる非競合性という性質と、対価を払っていないからといって排除することができない排除不可能性という性質をもつ。

　たとえば、公園は多くの人が利用可能である。国防は、税金を支払

わないなど対価の支払に関係なく、恩恵を受けることになろう。

　次に外部効果（外部性）である。ある経済主体の活動が直接的には何ら対価を授受することなく、他の経済主体に影響を与えることをさす。外部効果の例として環境破壊がある。

　自動車が排出する排気ガスが大気を汚染するという現象は自動車購入に対して対価を支払って入手し車を運転するという行為が引き起こす外部効果である。環境破壊は市場取引の外で起きている現象で、市場の持つ資源配分機能がうまく機能していない状況である。

　外部効果によって生じる市場の失敗を是正するために導入される税金をピグー税という。負の外部性（外部不経済）もたらす外部性の発生者には税という費用を課することにより最適な資源配分を実現する。正の外部効果をもたらす外部性の発生者に対しては補助金を与える。

　この他、市場の失敗には、費用逓減産業がある。電力・鉄道・ガスなどの事業は公企業によって運営されるか、民間企業の場合でも規制や政府の補助の対象となっている。

　費用逓減産業とは、初期投資の額が莫大で固定費が大きく、通常の手法では採算があいにくく、また、競争には馴染まない。そのため電力産業のように地域独占が認められ、政府が介入し、公共料金体系ができている。

2．気候変動対策

　一般には、「気候変動」という語よりも「地球温暖化」という表現のほうが、お馴染みかもしれない。産業革命以降、化石燃料を使用する経済活動が盛んになった。このため温室効果ガスの濃度が高くなり、地球規模で気温が上昇している現象を「気候変動」もしくは「地球温暖化」という。日本では「地球温暖化」という語のほうが普及しているが、国際的には「気候変動」という語を使うことのほうが多い。

　国連気候変動に関する政府間パネルを IPCC という。国連環境計画と世界気象機関の共催により 1988 年に設置された。IPCC とは

Intergovernmental Panel on Climate Change のことをさす。

　英文を見てもわかるように、国際的な会議の場では、「気候変動（Climate Change）」という語なのである。IPCC では、温暖化に関する科学的知見、社会経済システムや生態系への影響、今後の対策について継続的な検討を行い、評価報告書を公表している。

　過去公表された報告書は、第 1 次報告書（1990）、第 2 次報告書（1995）、第 3 次報告書（2001）、第 4 次報告書（2007）、第 5 次報告書（2013,2014）である。

　IPCC は、各国政府を通じて推薦された科学者が国際的な地球温暖化に関して意見をいう機関として大きな影響力をもつ。2007 年にはノーベル平和賞を受賞している。

　第 5 次評価報告書では、温暖化は疑う余地がなく、1950 年以降に観測された異常気候の多くは過去、数十年から数千年にわたり前例のないもので、気候変動に関する人為的影響を明らかにした。

　気候リスクについては、暴風雨、大型台風、大量の降水、地滑り、大気汚染、干ばつ、水不足、海面水上昇、高潮など人の生活、生態系、経済社会などに多大な悪影響を与えるリスクが指摘し、二酸化炭素およびその他長寿命温室効果ガスを今後数十年間にわたって大幅に削減し、21 世紀までに全世界で排出量をほぼゼロにする必要があるとしている。

　先進国・途上国を問わず、経済社会のシステムを見直す時期に来ている。

3．京都議定書

　1997 年の京都議定書ではじめて、先進国に対して、温室効果ガスの削減義務を課した。先進国は異なる削減目標をかかげるが、全体として、5 年の間に 5%の削減を目指した。

　具体的には 1990 年を基準年として 2008 年から 2012 年までの 5 年間の平均で、日本は 6%、EU は 8%、米国は 7%の削減目標とすることが決まった。

しかし、米国は中国などが削減義務を課されないのは不平等であることや気候変動対策は米国経済にマイナスの影響があるとして、離脱した。

4．パリ協定（COP21）

2015 年 12 月の気候変動枠組条約第 21 回締約国会議（COP21）、通称、パリ会議で採択された。

世界共通の目標として、平均気温上昇を産業革命以前に比べて 2 度より十分低く保ち、1.5 度に抑える努力をする。21 世紀後半には、温室効果ガスの人為的排出と吸収の均衡（実質排出ゼロ）の達成を目指す。

先進国か途上国かの区別なく、各国は削減目標を作成・提出し、5 年ごとに更新し、目標の達成に向けた国内対策をすることが求められている。

5．日本の気候変動対策

日本の温室効果ガスの排出はリーマンショックによる 2008 年から 2009 年にかけての景気後退期を除いて増加傾向にあった。この背景には 2 点ある。

一つには温室効果ガスを排出しない原子力発電への期待が大きく、原発の具体的な代替案がなく、現実には石炭火力で補っていたことによる。

もう一つは、排出量のコントロールは産業界の自主規制（環境自主行動計画）に任せられていたことである。

東日本大震災、福島第一原子力発電所事故が 2011 年 3 月 11 日に発生し、状況は変わる。

2012 年 7 月から再生可能エネルギーの導入促進のため FIT（固定価格全量買取制度）が始まった。

FIT とは、太陽光、風力、水力、地熱、バイオマスの再生可能エネルギー源を用いて発電された電気を、国が定める価格で一定期間電

気事業者が買い取ることを義務付ける制度である。

　また 2012 年 10 月からは、「地球温暖化対策のための税」が導入された。この制度は石油・石炭税に上乗せして化石燃料に課税するものである。

　日本では 2016 年にパリ協定を締結し、2030 年度に 2013 年度比 26％削減することを目標とし、2050 年までに 80％の温室効果ガスの排出削減を目指すことになった。

　地球温暖化対策を話し合う国連の会議「COP25」が 2019 年 12 月 2 日からスペイン・マドリードで開幕したが、国連グテーレス事務総長は開幕を前にした記者会見で各国に対し、温室効果ガスの削減目標を引き上げるなど対策の強化を表明するよう求めた。

　事務総長の発言の契機は、COP25 開幕前に公表された国連環境計画(UNEP)の報告書である。

　同報告書では、各国が、パリ協定で目標として現在提出している温室効果ガスの排出削減量を達成したとしても、「世界の気温は産業革命前から 3.2 度上昇する」という衝撃的な内容であった。

　仮に、気温を 1.5 度上昇に抑えるためには、現在年 1.5％ほど増えている排出量を、毎年 7.6％減らす必要があると分析している。

　パリ協定では各国に対し、2020 年 2 月までに、現在提出している削減目標を引き上げたうえでの再提出、もしくは更新することを求めている。

　国連環境計画の報告書では、日本について「石炭火力発電所の建設を中止するほか、再生可能エネルギーを利用することで石油の利用を段階的にやめていくこと」と言及している。

　日本では、二酸化炭素を排出する石炭火力発電所の建設計画が現在も 10 基以上ある。そのうえ、途上国へ石炭火力発電所の輸出を行っていることで、国際的な批判を受けている。

第18章　ESG と SDGs

　SDGs という言葉は、中学入試にも登場し、多くの企業でも積極的に取り入れており、各企業の HP でも頻繁に SDGs に関する記述が見られるようになった。SDGs と類似した語である ESG について、まず整理してみよう。

1．ESG

　ESG とは Environment, Social, Governance、すなわち環境、社会、ガバナンスを意味する。企業（特に株式会社）がステイクホルダーとの良好な関係を築くために必要な観点として世界的に最近注目されるようになった。

　この背景には 2015 年 9 月に SDGs (Sustainable Development Goals)が国連総会で採択されたことがある。「持続可能な開発目標」と訳される。国や組織が目指すべき 17 の目標と 169 のターゲットが記されている。

　ESG は SDGs の目標に含まれるため、政府、NPO、企業経営者、投資家、市民の ESG に対する関心が高まった。

　2018 Global Sustainable Investment Review によれば、世界の主な 5 市場（ヨーロパ、米国、日本、カナダ、オーストラリア・ニュージーランド）の 2018 年の global sustainable investing assets の額は 30.7 兆米ドルである。

　内、日本は 2 兆 1800 億米ドルで 5 市場の中で 7.1%のシェアを占

める。ちなみに最も大きなシェアを占めるのはヨーロッパで 14 兆ドル、45%である。次に米国の 11 兆ドル、39%と続く。

　日本のシェアは低いが、短期間に急成長している。2014-2016 年の間の伸びは 6692%、2016-2018 年の伸びは 307%で、他の地域が二桁の伸び率であるのに対して、日本は大きな伸びを示している。今後、大きな市場となることが予想される。

　ESG 投資にはどのような種類があるのだろうか。GSIA (Global Sustainable Investment Alliance) は 2018 Global Sustainable Investment Review の中で ESG 投資を以下の 7 種類に分類している。GSIA は持続可能な投資を普及するための国際組織である。Sustainable Japan の HP を参考にして、7 つの手法を説明している。

①Negative/exclusionary screening

　宗教や倫理観・環境破壊の観点等から特定の業界・企業を投資対象としない投資手法をネガティブ・スクリーニングと言う。
アルコール製品、煙草、ポルノ、ギャンブル、武器、原子力発電、動物実験、遺伝子組み換え作物等がある。

②Positive/best-in-class screening

　ESG に優れた銘柄のみを選抜して投資する。

③Norms-based screening

　環境破壊や人権侵害等国際的規範を基に、基準を満たしていない企業を投資対象から除外する方法。たとえば ILO（国際労働機関）が定める児童労働や強制労働の規範等がある。

④ESG integration

　投資先判断の中に財務情報だけでなく、非財務情報（ESG 情報）を織りこんで判断しようとするものである。

⑤Sustainability themed investing

　特定のテーマを設定し、それに関連する企業の株式や債券に限定した投資手法である。たとえば、「エコファンド」「水ファンド」「再生可能エネルギーファンド」など。

⑥Impact/community investing

　社会的インパクトや環境インパクトを重視した投資手法である。このインパクトを行う企業には Social Enterprise と称する非上場企業が多い領域である。

⑦Corporate engagement and shareholder action

　エンゲージメントとは投資先企業や投資を検討している企業に対して特定のアクションやポリシーを採るよう働きかけることを言う。

　shareholder action（議決権行使）とは、エンゲージメントよりさらに強力で、株主総会の場所で議決権を行使することを指す。しかし最近は、これらは株主の「権利」ではなく「責任」とみなす風潮にあり、日本版スチュワードシップ・コードの中でも、エンゲージメントや議決権行使は株主の「責任」と位置づけられている。

　投資家はこのような観点から企業への投資を意図的に行う、あるいは避けるという行動をとる。また若い世代も企業が社会的責任を果たしているのかという目で就職先を考える傾向は次第に増えてゆくであろう。企業経営者はそれらの視点を考慮した経営を行うことが期待される。

　ESG はこのように投資家が企業を評価するポイントである。それに対して SDGs（持続可能な開発目標）は企業が目指すべき目標である。SDGs は社会課題発見の機会になるであろう。企業は SDGs により経済価値を高め、またリスク管理として SDGs を活用できるであろう。

　企業は ESG と SDGs を独立したものとするのではなく、両者を整理・体系化して、自社のマテリアリティ（重要課題）を自社の長期ストラテジーとあわせて検討することが必要であろう。

２．SDGs

　2015 年 9 月に持続可能な開発目標 （SDGs: Sustainable

Development Goals）が国連総会で採択され、人間、地球および人類の繁栄のための行動計画として掲げられた。

　国や組織等が目指すべき17の目標と169のターゲットがある。17の目標について以下に示す（「国連広報センター」HP「外務省仮訳」）。

①あらゆる場所のあらゆる形態の貧困を終わらせる。

②飢餓を終わらせ、食料安全保障及び栄養改善を実現し、持続可能な農業を促進する。

③あらゆる年齢のすべての人々の健康的な生活を確保し、福祉を促進する。

④すべての人々への包摂的かつ公正な質の高い教育を提供し、生涯学習の機会を促進する。

⑤ジェンダー平等を達成し、すべての女性及び女児の能力強化を行う。

⑥すべての人々の水と衛生の利用可能性と持続可能な管理を確保する。

⑦すべての人々の、安価かつ信頼できる持続可能な近代的エネルギーへのアクセスを確保する。

⑧包摂的かつ持続可能な経済成長及びすべての人々の完全かつ生産的な雇用と働きがいのある人間らしい雇用（ディーセント・ワーク）を促進する。

⑨強靱（レジリエント）なインフラ構築、包摂的かつ持続可能な産業化の促進及びイノベーションの推進を図る。

⑩各国内及び各国間の不平等を是正する。

⑪包摂的で安全かつ強靱（レジリエント）で持続可能な都市及び人間居住を実現する。

⑫持続可能な生産消費形態を確保する。

⑬気候変動及びその影響を軽減するための緊急対策を講じる。

⑭持続可能な開発のために海洋・海洋資源を保全し、持続可能な形で利用する。

⑮陸域生態系の保護、回復、持続可能な利用の推進、持続可能な森林の経営、砂漠化への対処、ならびに土地の劣化の阻止・回復及び生物多様性の損失を阻止する。

⑯持続可能な開発のための平和で包摂的な社会を促進し、すべての人々に司法へのアクセスを提供し、あらゆるレベルにおいて効果的で説明責任のある包摂的な制度を構築する。

⑰持続可能な開発のための実施手段を強化し、グローバル・パートナーシップを活性化する。

　国連グローバルコンパクトは SDG Compass というガイドブックを発行し、企業の行動指針を示している。企業の SDGs に対する取り組みは 5 段階に分かれる。

　①SDGs を理解する。②SDGs の優先課題（マテリアリティ）を決める。③目標の設定。④自社の計画に取りこむ、つまり経営へ統合する。⑤報告とコミュニケーションを行う。

　企業は SDGs の内容をよく理解し、自社の長期経営ストラテジーにどう組み込むか慎重に検討した上で、上記の段階を順に検討して意思決定を行うのがよいであろう。

　上記 17 の SDGs の目標すべてを対象にする必要はない。自社の資源と長期ストラテジーに合わせて、選択と集中で自社の重要課題を絞りこむ必要があるだろう。

第19章　資源エネルギー

1．福島原発事故までのエネルギー政策

　日本ではそもそも化石燃料への依存度が高かった。東日本大震災、福島原発事故（2011年）以降、原子力発電の減少で、さらに化石燃料の依存度は高くなった。

　発電時に温暖化ガスを発生しない電源（原子力発電と再生可能エネルギー）の全体に占める割合をゼロエミ比率というが、2010年のゼロエミ比率は35%、震災後の2015年は16%に低下した。

　2010年6月に策定された「第3次エネルギー基本計画」では、エネルギー自給率を2030年に倍増することにし、原子力発電所を14機以上、新増設し、原子力発電の比率を26%から45%に増やす計画であった。

2．再生可能エネルギー

　燃やせばなくなる石炭や天然ガスなどの化石燃料に対して、涸渇せずに永続的に利用できるエネルギーを再生可能エネルギーと称し、自然エネルギーともいう。化石燃料から、再生可能エネルギーへの流れを脱炭素化という。再エネ普及のメリットには、温室効果ガス排出の抑制、原発事故や放射性廃棄物管理などのリスク回避などがある。

　再エネは経済社会には、どのような影響があるのだろうか。雇用を生み出す、地域産業を活性化し、地方自治体の収入を潤し、地方創生を行うことができる。当該地域のみならず周辺地域への経済効果も

期待できる。

　再エネは CO_2 を排出しないので地球温暖化対策への効果が期待される。再エネには①太陽光発電、②太陽熱利用、③風力発電、④バイオマスエネルギー、⑤水力発電、⑥地熱発電、⑦未利用エネルギーがある。

①太陽光発電

　シリコン半導体などに光が当たると電気が発生する現象を利用し、太陽の光エネルギーを太陽電池により直接電気に変換す発電方法である。2012 年度から導入された固定価格買取制度の恩恵を受けて、非住宅分野での太陽光発電が急拡大し、太陽電池の出荷量も増加した。しかし、その後、太陽光発電の買取価格が引き下げられたことにより、2015 年以降は太陽電池の出荷量も減少傾向にある。2017 年の世界の累積太陽光発電量設備容量に関して、日本は中国、米国についで第 3 位にあり、シェアは 12.3%を占める（『エネルギー白書 2019』による）。

②太陽熱利用

　太陽熱利用機器はエネルギー変換効率が高く、新エネルギーの中でも設備費用が比較的安価で費用対効果の面でも有効である。

③風力発電

　風の力で風車を回し、その回転運動を発電機に伝えて電気を起こす発電方法である。日本の風力発電導入量は 2017 年末時点で、世界の 0.6%を占めるにとどまっている（『エネルギー白書 2019』による）。

　この原因は、日本は諸外国に比して平地が少なく地形が複雑で、また電力会社からの系統に余裕がない場合があることなどが考えられる。

④バイオマスエネルギー

　化石資源を除く、動植物に由来する有機物で、エネルギー源として利用可能なものをさす。植物由来のバイオマスは生育過程で大気中の二酸化炭素を吸収しながら成長するため、燃焼させても追加的な

二酸化炭素は排出されない。

　農林水産省は全国 90 市町村をバイオマス産業都市として指定している（令和元年）。バイオマス産業都市とは、経済性が確保された一貫システムを構築し、地域の特色を活かしたバイオマス産業を軸とした環境にやさしく災害に強いまち・むらづくりを目指す地域であり、関係 7 府省が共同で選定している。

（関係 7 府省とは、内閣府、総務省、文部科学省、農林水産省、経済産業省、国土交通省、環境省をさす）

⑤水力発電

　水力発電とは、高所から流れ落ちる河川などの水の落差を利用して水車を回して発電するものである。

　規模の経済性の観点から、従来無視されてきた中水力発電は、脱炭素化とともに、エネルギーの地産地消の考えが広まるにつれて自治体や企業からの注目が高まっている。

　日本では出力 1,000kw 以下で水路式およびダム式の従属発電である水力発電が「新エネルギー利用等の促進に関する特別措置法（新エネ法）」により新エネルギーとして位置づけられている。

　また、3 万 kw 未満の中小水力発電を対象とする「再生可能エネルギーの固定価格買取制度（FIT 制度）」が平成 24 年 7 月から始まっている。

⑥地熱発電

　地熱貯留層から、坑井により地上に熱水・蒸気を取り出し、タービンを回して電気を起こす発電方式である。日本は世界第 3 位の地熱発電の資源国である。メリットは太陽光や風力と異なり、天候の影響を受けない安定さにある。課題は熱源を採掘する初期投資が高額で、また開発から発電所の稼働に至るまでのリードタイムが長い。

⑦未利用エネルギー

　夏は大気よりも冷たく、冬は大気よりも温かい河川水・海水・下水などの温度差エネルギーや、工場などの排熱といった、今まで利用されていなかったエネルギーのことをさす。

海洋エネルギーには、海洋の温度差を利用した海洋温度差発電、潮の満ち引きによる海水の流れを利用した潮流発電、海中の海水の流れを利用した海流発電、波の力を利用した発電などがある。

海の力をエネルギーに変換する技術は海洋国日本では今後期待される手法である。

２．固定価格買取制度（FIT）

再生可能エネルギーの導入が進まなかった背景には、発電コストが高いということがあげられる。そこで 2012 年には政策的に固定価格買取制度が導入された。固定価格買取制度は、再生可能エネルギーで発電した電気を、国が定めた固定価格で電力会社が一定期間買い取ることを義務付けた制度で、FIT（Feed-in Tariff）とも呼ばれる。

買取対象となる電源は、太陽光、風力、地熱、バイオマス、中水力の 5 種類である。

2012 年 7 月から固定価格全量買取制度がスタートした。この制度導入以前も余剰電力の買取を電力会社に義務づける制度は存在した。しかし、下記 2 点において新制度は異なる。

①（余剰分のみならず）発電した全量を固定価格で買い取る。ただし、住宅からの買取は従来通り余剰分のみ。

②（自家発電施設のみならず）売電目的の施設に対してもこの制度を認める。

固定価格買取制度は、再エネを普及させるという効果はあったが、予想以上に買取量が増加し、同時に負の側面も見られた。電力会社の購入に伴う負担増は、電力料金に上乗せされた。

2017 年に制度の見直しが行われ、大規模太陽光（2000kw 以上の事業用太陽光）に関して入札制度が導入された。安価な発電コストから入札するという競争原理が働くことになった。

入札制度の範囲は、その後拡張し、バイオマス発電の一部にも 2018 年度から適用された。太陽光については、2019 年度から 500kw 以上に、2020 年度からは 250kw 以上に拡大された。

4．電力に関する規制緩和

わが国では、1951 年に 9 電力体制が発足した。1972 年の沖縄変換により、10 電力体制（北海道電力、東北電力、東京電力、中部電力、北陸電力、関西電力、中国電力、四国電力、九州電力、沖縄電力）となった。

地域独占といわれるこの体制はミクロ経済学の入門的教科書では「市場の失敗」の例として登場する。すなわち費用逓減産業と呼ばれる鉄道・電力・ガスなどの事業は固定費用が大きく、通常のやり方では採算があいにくいため公企業が運営していた。そのかわり、電気料金は政府の認可制だった。

10 電力体制では垂直一貫体制といわれる 3 つの工程をすべて同じ電力会社で担っていた。つまり、電気を作る「発電」、電気を送る「送電」、電気を需要者に売る「小売」である。

戦後復興から高度成長期にかけて、このシステムはうまく機能したと思われたが、高度成長が終焉し経済成長の減速とともに、日本の電気料金の水準が海外と比較して高いことが指摘されるようになり、電力に関する規制緩和の波が寄せてきた。

電力の自由化とは、「発電の自由化」、「電力小売の自由化」、「送配電の自由化」の 3 つをいう。発電の自由化とは誰もが発電事業者として電力会社になれること、電力小売の自由化とは、誰もが小売電気事業者として消費者に販売できることをさす。

4．1　小売自由化

まず 2000 年に契約電力 2000kw 以上の特別高圧の需要家が小売自由化の対象となり、石油会社や総合商社などが新電力として電力小売事業に新規に参入した。

自由化の範囲は拡大され、2004 年に 500kw 以上、2005 年に 50kw以上の需要家が自由化の対象となった。しかし、いまだ原発が地球温暖化対策の中心となっており、自由化政策は東日本大震災まで大きな進展はみられなかった。電力自由化になったとはいうものの、大手

電力会社間の実質的な競争はまだ起きていなかった。

　東日本大震災で、東京電力は政府の管理下に置かれ、また福島第一原発の事故処理に多額の費用が必要になり、他のエリアにも進出し、収益をあげる必要性に迫られた。このことが大手電力間の競争の契機となった。

　2016年4月の小売全面自由化により、低圧需要家(一般家庭含む)も自由に電力会社を選べるようになった。つまり大手電力の小売部門と新電力は同じ小売電気事業者になった。

　電力の小売自由化により、以下のような新たなサービスが可能になった。

・ライフスタイルにあわせた料金メニューを選択できるようになった。たとえば、昼夜など自身の活動時間・ライフスタイルにあわせた時間帯別料金など。

・付加価値をつけたサービスが提供されるようなった。たとえば、電気とガス、電気とスマホ料金などのセット価格を提供することや、ポイントを貯めるサービス、高齢者の見守りを行うサービスなど。

・再生可能エネルギー中心に発電した電気を購入できる。

・電気の地産地消が可能になり、電気事業による地方創生が期待できる。

４．２　発送電分離

　発電と小売部門は競争原理にさらされることになったが、送電部門は、実質、大手電力会社による地域独占の状態のままであった。そのため、送配電業者の競争中立性を保つことは重要な課題となったが、小売全面自由化とともに送配電部門の法的分離の実施が決まった。2016年4月から、各地域にある電力会社は、発電・小売・送配電を行う3つの事業部門にわかれてそれぞれ事業を行っている。2020年4月からは、送配電を行う事業部門は法的に分離され別会社になる。

第２０章　地方創生とエネルギー

　本章では地方創生をエネルギーシステム構築の観点からみてみよう。

１．エネルギーシステムの変遷

　従来のエネルギーシステムは、集中立地した発電設備から、大規模な送電網で電力消費者に電気を送るシステムであった。しかし、これからは、地方で分散してエネルギーを供給することが普及する時代になるであろう。

　前者は、火力発電所、原子力発電所、大型ダムなど大型の施設を要した。これに対して後者は再生可能エネルギーが中心となる。このことは太陽光、風力、バイオマス、小水力などの資源のある地域で大規模な資本をもたない企業や個人でも参入可能であることを意味する。

２．地域付加価値創造分析の方法

　Heinbach.et.al（2014）にもとづき、再エネ事業の地域付加価値分析について説明しよう。

　付加価値は経営者、労働者、政府という 3 つの経済主体の付加価値に分かれる。政府とは地方政府を想定している。経営者、労働者の付加価値は所得で示され、政府の付加価値は税金収入額で示される。

　分析対象の地域についてこの分析を行うのが地域付加価値分析である。この手法は産業連関分析よりも地域を柔軟に設定した分析が

可能である。

　分析では、設備を設置するまでの投資段階と事業運営段階の二つに分ける。

　投資段階における初期投資の費用は、予定設備容量 kw×単位当たりの再エネ費用（関係省庁公表）、として産出される。

　初期投資に借入がともなう場合には、金利負担が発生することになる。設備本体の取得にかかわる費用は地域外に流出することが多い。設備本体に関しては、減価償却費、固定資産税等が発生する。

　設備に付随した費用、たとえば、土地の取得、造成費、設備設置の費用などは地元業者で対応可能であろう。

　再エネ事業の投資主体には、市民、企業、自治体の 3 者が想定される。自治体については当然ながら当該地域内の自治体をさすが、市民・企業に関しては、地域内外の双方が想定される。これらの所有権割合（オーナーシップ）が、事業運営による利潤配分を決定することになる。

　事業運営段階では設備メンテナンスなどのランニングコストがかかる。このコスト負担も地元企業か地域外企業かに分かれる。

　また固定資産税・電気事業税の負担がある。再エネ事業で働く従業員の給料、地域にもたらす税金は地域付加価値である。

　つまり、再エネ事業の売上からメンテナンス費用、固定資産税および電気事業税、人件費、借入金利、減価償却費を控除したものが税引前利益となる。ここに法人税や法人住民税がかかる。

　このようにして地域付加価値創造分析を行う。この分析は再エネ事業のみならず、電力小売事業や他の事業の分析にも適用が可能である。

　諸富（2019）では、地域で地域付加価値分析を適用すべき 4 つの分野として下記をあげている。
①地域におけるエネルギー関連の包括的な現状評価
②地域における再エネ事業の長期的な経済影響評価
③地域における長期的な気候・エネルギー戦略のシナリオ策定

④地域主体との対話とステークホルダー指向のコミュニケーション戦略

３．雇用創出効果

　大友（2012）では、自然エネルギー産業の中で雇用創出効果のもっとも高いのは木質バイオマス分野だとしている。労働集約型関連分野が多岐にわたるためである。次のような仕事が例示されている。
①森を育てる仕事
②林地残材・間伐材・丸太作り、運搬の仕事
③チップ・ペレット・薪などの木質バイオマス燃料を製造・販売する仕事
④エネルギー化（発熱・発電・給湯・コージェネ）施設の建設・運転・管理の仕事
⑤地域暖房システムを経営する仕事
⑥製材工場の廃木材等を利用したエネルギー化の仕事
⑦建築廃材を集めてチップ化する仕事
⑧里山の雑木林の皆伐や間伐でチップを作る仕事
　このような仕事を通じて、木質ペレット生産工場を設立したときに生まれる雇用は、林業、農業、製造業、流通小売業、建設業、サービス業、観光業、教育産業など様々な業種がある。

４．自治体新電力とシュタットベルケ

　自治体新電力とは自治体が関与して、地域小売り電力事業を行う事業体をさす。自治体新電力によって、地産地消、地域内経済循環をめざすことが可能になる。
　ただし、自治体新電力の資本や従業員が地域外であれば、事業者利益や従業員所得などの付加価値は地域外へ流出することになる。
　シュタットベルケとはドイツの公企業体のことをいう。地域の電力、ガス、上下水道、交通などの公的なインフラ事業を行っている。資本は自治体の全学出資または一部出資であるが、配当は低く抑え

ている。エネルギー事業で得た収益を交通などの赤字部門に充当し、地域の課題解決をし、地域に雇用を生み出し、地域企業を潤し、地域内経済循環を可能にしている。

シュタットベルケでは、配電事業で収益をあげているが、日本では、一般送配電事業者（従来から存在する全国に 10 ある大手電力会社）が送配電部門を地域独占してきたのが実態である。またシュタットベルケは日本と異なり長い歴史があるなど、日本の自治体新電力とドイツのシュタットベルケは事情が異なる点もある。

しかし、日本の自治体新電力もシュタットベルケに学ぶ点は多く、今後、地方創生の一つの手法として期待されるであろう。

5．小水力発電

日本の包蔵水力は日本アルプスを中心とした本州中央部に多く分布している。資源エネルギー庁 HP によれば、平成 30 年 3 月 31 日現在の都道府県別包蔵水力は、岐阜県が 13,862GWh で日本一である。未開発の包蔵水力においても 4,258GWh でやはり日本でトップになっている。

小水力の定義は諸説あるが、2002 年に公布された再生可能エネルギーを推進するためにつくられた「電気事業者による新エネルギー等の利用に関する特別措置法（RPS 法）」の対象になっていた水力発電が 1,000kw 以下であったことを継承して、一般的には小水力発電とは最大出力が 1,000kw 以下のものをさす。

小水力発電には次のような長所と短所がある。天候に影響されないため、設備利用率が高く、太陽光の 5～8 倍の電力を発電できる。出力変動が少なく、経済性が高い。太陽光と比較して設置面積が少なくてすむ。また未開発の包蔵水力もまだ潤沢である。

しかし、設置場所は水の落差と流量がある場所に限定され、水の使用について権利関係が発生する。太陽光や風力に比して、法的な規制や多くの申請を必要とする場合がある。また、一般市民の認知度が低いということもある。

第２１章　地域密着型金融

１．　はじめに

　2003年3月に金融審議会報告書『リレーションシップバンキングの機能強化にむけて』が発表されて以降、リレーションシップバンキングという言葉は、行政、実務、学界、それぞれの世界で急速に広がった。リレーションシップバンキングはリレバンと略称され、地域金融、中小企業金融の問題を解決できる魔法の呪文のようになり、万能薬であるかの如く言葉は一人歩きしたが、わが国ではこの分野の研究はまだ始まったばかりであり、わが国のリレーションシップバンキングの実態はいまだ明らかにされたというわけではない。そもそも欧米論文ではリレーションシップバンキングという用語ではなく、貸出手法の一つとして relationship lending という言葉が用いられているが、これら欧米論文とわが国の研究との間にはやや違和感がある。

　その原因は二つあると考えられる。第一に、リレーションシップバンキングの定義が明確ではなく、そもそもリレーションシップバンキングという言葉の用い方、意味するものが、産学官の3者の間で微妙な食い違いがあることにある。第二に、米国論文で用いられる場合には、リレーションシップバンキングという用語ではなく、relationship lending という言葉が用いられることが多く、これは貸出手法の一つを示すとされているが、わが国ではメインバンクシステムという長い歴史を持つ経済システムがあり、わが国の金融の大

きな特徴と言われてきたにもかかわらず、メインバンクシステムとの関連でわが国のリレーションシップバンキングが論ぜられていない。

リレーションシップバンキングを貸出手法の一つと捉えるのではなく地域のシステムとして考察する必要があるにも拘らず、その視点が忘れ去られている。そもそも直接金融が主流である米国と間接金融中心の日本では銀行の担う役割も異なっているはずであり、長期継続的なリレーションシップの存在と一言で言っても、米国のrelationship lending の研究では分析対象サンプルの企業の銀行取引年数は数年間であるが、日本では約30年と長期間であり、リレーションシップの意味するものが異なる。

したがって米国論文をもとに、わが国のリレーションシップバンキングを、銀行は企業との長期継続的な関係からソフト情報を入手し、情報の非対称性を緩和する貸出手法とみなし、そのメリットやコストについて議論を行う研究者と行政や実務家の用いるリレーションシップバンキングには乖離が生ずる。このこともわが国のリレーションシップバンキングの実態把握をより複雑なものにしていると考えられる。

そこで、本稿では、これらのことを考慮しながら、日本独自のリレーションシップバンキングとソフト情報生産の実態を考察することにする。

2. 産学官によるリレーションシップバンキングの相違点

最初に 2003 年 3 月の金融審議会報告書の意味するところを考えてみよう。そもそもは 2002 年 10 月の「金融再生プログラム」まで遡る必要があるかもしれない。「中小・地域金融機関の不良債権処理については、主要行とは異なる特性を有する「リレーションシップバンキング」のあり方を多面的な尺度から検討した上で、2002 年度内を目途にアクションプログラムを策定する」とされている。すなわち、ここでは主要行の不良債権比率を 2 年後の 2004 年度には半減す

るとしている一方で、中小・地域金融機関の不良債権処理について
は、主要行と異なる特性をもつとしているが、それこそがリレーショ
ンシップバンキングと考えられる。したがって、わが国のリレーショ
ンシップバンキングという最初の言葉は不良債権処理に関する行政
から出てきたと考えられる。

　2003年3月に発表された金融審議会の報告書「リレーションシッ
プバンキングの機能強化に向けて」はリレーションシップバンキン
グを「金融機関が顧客との間で親密な関係を長く維持することによ
り顧客に関する情報を蓄積し、この情報を基に貸出等の金融サービ
スの提供を行なうビジネスモデルを指す」としている。

　リレーションシップバンキングの機能強化に向けた中小・地域金
融機関の具体的な取組みとしては、円滑な資金供給や問題解決型サー
ビスの提供を行なうためとして、創業企業に対する起業支援の強
化、成長期・安定期企業に対する円滑な資金供給、経営相談の実施、
早期事業再生に向けた積極的な取組みなどを挙げている。またリレー
ションシップバンキングを取り巻く環境整備として、中小企業金
融円滑化のための工夫が必要として、売掛債権担保融資制度、証券
化、クレジットスコアリング等を挙げている。

　ここに見られる新規開業支援、市場型間接金融、クレジットスコア
リングなどは欧米学術論文に見られる企業との長期継続的関係に基
づく貸出手法を意味する狭義の relationship lending とは直接的な
関係の無い項目のものまで含まれている。むしろ不良債権問題の解
決、中小企業金融の円滑化、地域経済の活性化を考えた銀行行政と考
えられる。

　一方、地域金融実務家の間には長期継続的関係の構築というのは
すでに行政からわざわざ改めて指示されるまでもなく以前から地域
金融機関が行ってきたことに他ならないという批判的意見も聞かれ
た。金融実務でリレーションシップと言う場合には、CRM などと表
現され、顧客データベースを構築し、いかに顧客との接点を拡大する
かの営業戦略、マーケテイング戦略と考えられてきたようである。

しかし金融審議会報告書の発表以降は、地域金融機関にはアクショ ンププログラムの提出が要求され、むしろリレバン対策をどうする かという行政対策が最近の地域金融実務家のリレーションシップの 意味するところであろう。

金融実務家からは批判も多い、リレバン行政である。

わが国の学問の分野では、貸出における質的な情報が意識される ようになったのはつい最近のことであるが、地域金融機関の実務で は以前から、行われていることである。表面的には監督官庁の意向も あり、最近になって活発化されているように見えるが、昔から行って いることに他ならない。つまり、いくら努力しても、それほど本質的 に効果が期待できることではなく、定性情報で企業を判断するのに は限界があるということである。

また定性情報が優れていて、潜在的な優良企業であったとしても、 企業業績が顕在化しない限り、企業として意味がない。実務家がリレ バン行政に批判的な原因はこんなところにもあると思われる。すで に努力していること、それ以上努力しても実質変わらない無駄なこ とを、「努力しろ」、「努力していないではないか」、と言われた感じに なるのであろう。

しかし、以下のようにリレバン行政はそれなりに評価できるかも しれない。

①アナウンスメント効果

不良債権問題でメガバンクに数値目標を与えれば、次は地域金融 機関が指導されるという不安を中小企業経営者に起こし、ひいては 地域経済全体が地盤沈下するという不安を連鎖的に引き起こすのを 防ぎ、地域経済から不安感を払拭するために「地域金融は地域企業と のリレーションシップを大切にせよ」、と監督官庁がアナウンスし、 景気安定、地域経済の安定化を心がけた点。

②コスト意識を喚起した。

単なる馴れ合いのリレーションシップではなく、コスト意識を明 確にし、合理的なプライシング（適正な貸出金利）を行うべきである

ことを示した。

③伝統的貸出手法にこだわらない新しい貸出手法のガイドラインを示した。

　具体的には、クレジットスコアリング、動産担保が挙げられる。将来、歴史的に見てリレバン業績の功績はこの部分になると筆者は考える。地域金融実務家は数合わせというような言い方をするかもしれないが、新しいものを導入する場合は官主導もやむをえないと思われる。

④中小企業貸出市場にメガバンクの進出を促した。

　これは③の副次的な効果であるが、新しい貸出の手法はノウハウ、コストの点で、地域金融機関では取り組みにくいものである。金融庁は意識しなかったかもしれないが、結局、③は中小企業貸出市場に都銀のよりいっそうの進出を促したことになる。このことにより、競争が喚起され、中小企業金融の円滑化につながり、また実務的には都銀が開発した商品やノウハウを地銀は親密な関係にある都銀から学んで新たな貸出手法が普及してゆくことになる。地域金融実務家は、都銀のほうが参入しやすい、クレジットスコアリングや動産担保などには自分たちの市場が侵されるわけであるから、当然、行政に不満をもつわけであるが、筆者は評価すべき点と考える。

⑤地域という面でとらえたリレーションシップバンキング

　上記4点の行政RBの評価を考えた場合、行政のRBは学界RBのいう、情報や長期（時間）という観点のみならず、つまり、個々の銀行と企業の関係ととらえるだけでなく、地域経済をどうするかという地域を面でとらえ、様々な金融機能の提供を促したものとして評価できる。この場合、貸し手はかならずしも地域金融機関だけとは限らない。クレジットスコアリングや動産担保の普及で都銀が中小企業に参入し、地銀や信金が今まで、ノンバンクでしか借りられなかったような水準の中小企業にも貸し出しを拡大してゆけば、地域全体のベネフィットは高まってゆき、面として中小企業金融の円滑化が進み、地域経済の活性化が進む。

などの評価が可能であろう。次に、産学官の「学」について考えてみよう。

3. 欧米論文にみる relationship lending と日本の分析への適用

　本節では米国を中心としてリレーションシップバンキングの先行研究について紹介し、日本の分析へ適用する場合の問題点について考察する。

3.1 欧米論文にみる relationship lending

　リレーションシップは金融取引を通じた企業と金融機関の密接な関係である（Petersen and Rajan(1994)）とされているが、リレーションシップの2つの要素は、時間と範囲と考えられる。前者は顧客と銀行の取引の期間で示される（Wood[1975]）。後者は、銀行から顧客に提供されるサービスの幅、すなわち範囲(scope)と考えられている（Hodgman[1963]）。

　Berger and Udell(2002)では、貸出手法は transaction lending と relationship lending の二つに大別され、さらに transaction lending は、financial statement lending, asset-based lending, credit scoring の3種類に分かれているとされる。結局、貸出手法は4種類に分かれていることになる。欧米の先行研究ではリレーションシップバンキングを貸出手法の一つとした上で、そのメリットやコストの分析、金融機関組織、ソフト情報の生産などに関する研究が行われている。

　情報の非対称性のもとでの金融仲介に伴うエージェンシー・コストを削減するために、relationship lending は有効な手段と考えられ、長期継続的な関係は銀行に企業の内部情報を収集させ、融資契約において弾力的な再交渉を可能にする（Boot[2000]、Rajan[1998]）。また、貸出のアベイラビリティや貸出金利・担保などの貸出条件にリレーションシップは重要な役割を果たすと考えられている

(Cole[1998],Berger and Udell[1995])。しかるに、そのようなリレーションシップバンキングのメリットの一方でホールドアップ問題の発生などのコストの点も懸念されている。

　メリットとコストの分析をするにあたり貸出金利や借入可能性（アベイラビリティ）に注目した研究は多い。リレーションシップの期間と貸出金利の関係についての先行研究結果には3種類ある。リレーションシップの期間と貸出金利に有意な正の相関があるとするもの、有意な負の相関があるもの、有意な関係が見られないとするものである。

　Boot and Thakor（1994）では、貸出金利はリレーションシップの期間が長くなると低下することを示しているが、Greenbaum et al.（1989）やSharpe（1990）では、銀行が借り手企業との関係を固定化し、ホールドアップ問題が発生し、銀行がより高い貸出金利を請求するため、リレーションシップの期間が長くなるとともに貸出金利が上昇するという可能性を示している。

　アメリカのデータを用いたPetersen and Rajan（1994,1995）の実証分析では、リレーションシップの期間は貸出金利に影響を与えていないという結果であったが、Berger and Udell（1995）では、期間の長さは貸出金利を低下させるとしている。

　Elsas and Krahnen（1998）の分析では、ドイツの中小企業のデータを用いて、リレーションシップの期間は貸出金利と無関係としている。Degryse and Van Cayseele（2000）の分析では、ベルギーのデータを用いて、リレーションシップの期間が長くなると、貸出金利が高くなることを示し、ホールドアップ問題の存在を示唆している。

　以上に見られるように、理論、実証どちらの研究にも相反する結果があり、リレーションシップの期間と貸出金利の関係には曖昧な部分が残されている。我が国では、中小企業庁編（2003）に示される「金融環境実態調査」（2002年11月）では、メインバンクとの取引年数が長い企業ほど短期貸出金利が低下するという調査結果を得て

いる。

Berger et al.（2004）では、銀行の規模が大きくなるとリレーションシップの期間は短くなるとしている。また、ソフト情報の多い小企業の審査には小銀行の組織のほうが、ハード情報の多い大企業には大銀行のほうに比較優位があるとしており、ソフト情報を収集する小銀行のほうがリレーションシップの期間が長くなるとしている。

しかし、わが国では加納（2005）で見る限り、地銀のメインバンク継続率がもっとも高く、信組がもっとも低く、大銀行ほどリレーションシップの期間が短いとする Berger et al.（2004）の分析とは異なる結果である。

そもそも Berger et al.（2004）で用いるサンプル企業の銀行との取引年数は 7〜9 年であるのに対して、加納（2005）では 20 年以上メインバンクを継続している企業の割合は 7 割以上もある。

3.2　日本の relationship lending へ適用の問題点

米国の研究と日本の relationship lending との大きな違いの一つは金融機関と中小企業の取引期間にある。リレーションシップを取引期間の観点から考えた場合、二つの示し方がある。一つはある一定期間の間に当該企業がどの程度、メインバンクを変更せずに固定的であった割合を示すものであり、もう一つは調査時点でのメインバンクとの取引年数を示すものである。

前者の方法には加納（2005）があるが、日本の中小企業がメインバンクを継続する割合を金融機関の業態別、都道府県別に調査し、全国平均で、10 年間で約 85%、20 年間でも約 7 割の中小企業がメインバンクを継続していることを示している。

取引年数を示す方法では、家森（2006）のアンケートでは平均 27 年である。中小企業庁編（2004）では、わが国の企業とメインバンクの取引年数を示しているが、従業員 20 人以下の企業については 34.8% が 30 年〜50 年の取引があり、51 年以上の取引も 3.9% 存在する。これに対して従業員 301 人以上の企業では 47% が 30 年〜50

年の取引があり、51年以上の取引も19.9％ある。これに対して、米国のリレーションシップの期間はcole(1998)では7.03年、Blackwelland Winters(1997)では9.01年、Petersen and Rajan(1995)では10.8年であり、日本の場合は遥かに取引期間が長いことがわかる。

　金融機関がrelationship lendingの手法により情報の非対称性が緩和することができるソフト情報生産に必要な金融機関と中小企業の取引期間をtとし、中小企業の特徴をx、金融機関の特徴をy、その他の条件をzとすると、その際に行われた貸出の条件Lは以下のように決定されることになるであろう。

$$L = f（t、x、y、z）$$

　relationship lendingに関する研究はこれらの変数間の相互関係を分析するというものが多い。しかし、ここで問題になってくるのは、tよりも遥かに企業と金融機関の取引期間が長ければ、relationship lending以外の理論も考慮する必要があるということである。わが国の状況がそれに該当すると思われる。

　また米国のrelationship lendingでは、中小企業は単独の銀行と取引しているのを前提としていることが多いが、加納（2005）の調査で示されるように、わが国の中小企業では単独行取引は5.3％であり、殆どの中小企業が複数の銀行取引を行なっている。

４．貸出審査の項目

　米国論文ではrelationship lendingを貸出手法の一つとして論じているが、わが国の実態には馴染まない。わが国においては、これらは貸出の手法としてあるというよりも貸出審査の構成要素と考えたほうが良さそうである。

　わが国の貸出手法は4種類に分かれているというよりも、financial statement lending, asset-based lending, relationship lending の 3 手法を融合した手法で貸出審査を行なっていると考えられ、それは大手銀行も地域金融機関も、大企業に貸出を行なう場合も中小企業に貸出を行なう場合も同様であると考えられる。

わが国の金融の特徴として不動産担保貸出があり、不良債権の発生にはこの不動産担保貸出が多かったことが原因の一つと考えられているように、わが国の貸出手法は大企業に対しても中小企業に対しても不動産担保貸出、財務諸表準拠貸出を行なっており、さらに、それらを長期継続的に行なってきた貸出と言える。

アセットベーストレンディングは、融資審査の可否を、借り手自体の経営状況等ではなく、借り手ほど情報の非対称性の深刻でない売掛金、在庫等といった資産の価値に基づいて判断する貸付けであり、これにより情報の非対称性のために将来的返済財源であるキャッシュフローが分からない中小企業向け融資のリスクを軽減している。

つまり、一般的な不動産担保融資はあくまで返済財源は借り手である企業のキャッシュフローであり、担保は万が一回収できなかった場合の 2 次的な返済財源であるのに対し、アセットベーストレンディングは、借り手である企業のキャッシュフローよりも売掛金や在庫等といった担保の価値が優先的な返済財源となるという意味において、担保の価値に応じた貸付けであり、融資の実態においても、例えば売掛金の回収を待って返済するなど不動産担保融資と異なる点がある。

我が国においても動産担保融資の活性化を促す観点から、2004 年11 月に債権譲渡の対抗要件に関する民法の特例等に関する法律が一部改正され（公布日 2004 年 12 月 1 日）、動産公示制度が創設された。今後は、資産評価・処分サービス業者や売買市場の育成など、動産担保融資を支えるための環境を整備することが望まれる。

この手法は商取引に着目した貸付けであるがため、銀行が中小企業とのリレーションシップの強化にもつながることも考えられ、さらなる普及が期待される。

クレジットスコアリングに関しては、中小企業にＤＭを送り無担

保で貸出契約に結びつけ中小企業貸出を伸ばした銀行もあったが、従来の貸出手法とは異なる独立した別の貸出手法と考えて良い。

　一般的に金融機関の貸出審査の稟議書には企業の定量情報（各種財務比率等の財務内容）、取引採算性（預貸金利鞘、各種手数料収入）保全状況（不動産担保状況等）、企業の定性情報（経営者の人物像、地域における影響力、風評等）、他行取引状況（他行貸出残高、貸出シェア等）が記載され貸出審査の資料とされる。

　通常、金融機関は企業ごとに貸出案件の取り組み方針を積極方針、現状維持、消極方針か予め決めている。それに基づき貸出審査が行なわれる 。

　Berger and Udell(2002)では、４種類の貸出技術を挙げているが、わが国の現状では貸出手法として４種類あるというのには違和感がある。むしろ稟議書では financial satatement lending, asset-based lending, リレーションシップバンキングの全てを審査の要素としていることがわかる。これらはわが国では貸出審査の構成要素と考える必要があろう。

５．ソフト情報の生産

　米国論文では貸出手法は transaction lending と relationship lending の二つに大別されるが、各々に対応する貸出情報は、前者はハード情報、後者はソフト情報とされている。企業や経営者の定量、定性情報と換言しても良いであろう。

　ソフト情報は他者への伝達・移転、蓄積が困難なものとされており、それだけに loan officer の役割は大きいとされている。果たして日本の場合はどうであろうか。

　前節で述べたように、relationship lending という単独の貸出手法でわが国の金融機関が中小企業に対して貸出を行なっているわけではない。したがってソフト情報の生産だけで貸出審査が決まるわけではなく、むしろハード情報の補完的要素として機能していることが一般的である。米国論文ではソフト情報生産の担い手として loan officer の役割が重要視されている。しかし米国が個人プレーに対して、日本はチームプレイという企業風土の違いがあり 、我々は組織、あるいは地域社会レベルで中小企業のソフト情報の生産、蓄積、伝達を考察する必要がある。これは結局、貸出手法の問題ではなく、金融システムということに繋がるのである。

　およそわが国の一般的な銀行の支店の伝統的な組織形態は、３つの係に分かれている。預金係・融資係・渉外（営業）係である。各係は一般の行員と役席から成るが、役席はその係の管理者であり、金融機関によって名称が異なるが、支店長代理であるとか課長などと呼称されているようである。

　預金係は、来店客や渉外係が預かってきた預金関連の事務処理を行うが、一般職と新入行員および役席で構成される場合が多いようである。預金係が資金の決済状況を確認することは、直接貸出業務とは関連していないが、企業のソフト情報の生産に貢献していると言って良い。

　融資係は、来店客の融資・ローンの相談、融資書類の作成、外国為替関係の仕事を行う。渉外係は、一般に地域ごとに担当者を決めて渉外活動を行う。支店はその店舗環境によって、取引先の層も異なり、求められる成果も異なってくる。住宅地で個人客が多い店舗、商店街など小売業が多い店舗、法人取引の多い店舗などである。集金、定期積金など信用金庫の渉外係はこまめに足で稼ぐ営業を行っており、直接貸出業務と結びついていなくても、それがソフト情報生産の一つになっている。

　渉外係は担当する法人企業の融資案件を通したいと思うが、融資係はむしろ保全などチェックする側に立ち、両者は牽制し合いながら、融資案件を進めてゆくことになる。職位の名称は異なるにせよ、これが伝統的な日本の銀行の営業店の組織形態である。

　最近では預金係、融資係、渉外（営業）係という古典的な３つの分類から支店の組織形態が移行しつつある。従来の預金係と渉外係、融資係をすべて兼ねたような資産運用および住宅ローン・個人ローン

を担当する係がその一つである。渉外係が融資の業務も行い、顧客企業と折衝し融資案件について相談し、稟議書も作成し、融資責任者の融資課長が管理するという流れの銀行も多くなってきているようである。

　また従来は貸出案件については、渉外担当者→（渉外課長）→融資担当者→融資課長→（支店副長）→支店長→審査部→審査部長というのが一般的な流れであり、さらに巨額の融資案件は、審査部長→役員→頭取という流れで貸出案件の諾否が決まっていく。

　企業との取引は銀行の支店単位で行われ、支店の最高責任者として支店長の存在があったが、最近は必ずしも、そのような組織体制ではなく、法人取引に関しては地域の法人営業部などが管轄している銀行もあるようである。credit scoring の手法を用いたクイックローンを取り扱うセクションは一般の貸出のセクションとは別に設けてある銀行もあるようである。

　米国論文ではソフト情報の生産者として loan officer の重要性が言われているが、融資担当者の交代頻度はソフト情報生産に負の影響を与えるのであろうか。

　家森（2006）では関西地域の中小企業にアンケートを行い、過去３年間における担当者の交替頻度を尋ねているが、平均1.7で、１～２年で担当者が替わっていることが示されている。業績の悪い企業ほど訪問頻度が低い。

　これは、銀行の渉外担当者の訪問目的が情報の非対称性の緩和のため、モニタリングのためというよりも営業目的であるためと考えられる。わが国で銀行員の転勤は、ほぼ３年ごとに行われている。さらに、その上、同じ支店内でもジョブ・ローテーション（係替え）が頻繁に行われている。

　支店経営上、行員の休暇体制に備え、ジェネラリストを養成するという人材教育上の考え方もあるし、また顧客との癒着を防ぎ、不祥事を未然に防止する相互監視、牽制体制のために係を一定期間で変わるという考え方がある。

転勤のサイクルはどの行員も 3 年ぐらいであることが多いが、上記ソフト情報生産者のチームメンバーの転勤サイクルが一致しないようになっているのが普通であり、誰かが生のソフト情報を有している。担当が替わるということは新たな視点で企業に接することもでき、新たなソフト情報の発見もある。

　また、日本の企業では金融機関にかかわらず、長期雇用を前提にした OJT が行なわれ、熟練した技能が組織内に蓄積されてきたと考えられる。

　ソフト情報を蓄積しにくく伝達しにくい企業の定性情報と定義すると、わが国の営業店の体制はソフト情報を生産するのが不可能ということになってしまう。そもそも借り手のソフト情報の収集にどれだけの期間が必要とされるのであろうか。日本における金融機関と中小企業の平均取引年数は 30 年前後であるが、ソフト情報の収集の 30 年を要するとは到底思えないのである。

　ところで 30 年というのは人が現役で働くことが出来る期間にほぼ匹敵する。中小企業経営者はオーナー経営者が多いが、一人の経営者が現役で仕事を行なえる所謂一世代の間、同一銀行と取引を行なうというのは、もはやソフト情報の生産であるとか、relationship lending というような概念を遥かに超えたものであると言わねばならない。

　ソフト情報の入手にある程度の期間は必要であり、それが relationship lending のいう長期継続性の duration であろう。しかし、それを超える期間は、むしろ別の要因が働いていると考えられる。

　借手がどのような優良企業であったとしても、当該企業が新たに計画している project の内容を知るためには必要最低限のモニタリングが必要であり、このような借手と銀行の間に生ずる情報の非対称性は銀行業の本質的な特質と考えられるであろう。

　ソフト情報という言葉がわが国で広まったのは最近のことであるが、貸出審査における定性情報の重要性はすでにかなり以前から指

摘されており、決して新しい概念ではない。

　通商産業省産業政策局企業行動課編（1979）では企業経営に影響を与えるが数字に表れない定性要因を指標化して企業の経営力を評価する試みが行なわれている。大野（1987）では、財務面と非財務面は相互に様々な因果関係をもち、有機的関連を考慮に入れた財務分析こそが精緻で充実した企業実態の把握に繋がるとしている。

　大野（1987）では、企業の質的側面の調査項目として、①経営者・経営陣（人物、経歴、後継者等）、②資本関係、③業種業態（市場占有度、季節変動、業界慣習）、④系列関係、⑤従業員（従業員構成、従業員の質・教育、職場の雰囲気等）、⑥組織（組織の適否、管理力）、⑦物的設備、⑧生産（所有技術、品質等）、⑨購買・仕入、⑩販売、⑪所有不動産（主要不動産の時価、担保設定状況等）を挙げている。

　著者は都銀の元行員であり、都銀の貸出においても非財務面が重視されていたことが推測され、決して中小金融機関と中小企業の関係においてのみにソフト情報が大切だったわけではないことがわかる。

　大阪府商工労働部金融室（2004）では中小企業の事業性評価項目として①市場・顧客（市場競争力、市場の将来性等）②実施体制（開発推進体制、技術技能の水準の現状・管理体制、生産体制、営業体制、物流・在庫の管理体制等）、③経営者資質・経営体制全般（現状分析と改善活動、組織体制の構築、後継者育成、人材育成、経営者の実行力等）等の定性情報を示し、中小企業の財務指標に示されない事業の成長性を評価すべきとしている。

　Stein(2002) では組織形態によるソフト情報生産について述べ、大規模銀行に比して小規模銀行が分権化された組織であるためソフト情報を効率的に扱えるとしている。

　加納（2005）では、中小企業の代表者の変更がメインバンク変更と有意な関係にあるかを大阪府の非上場企業データを用いて調査している。メインバンク変更のなかった非上場企業のうち、代表者に変更があった割合は 43.9%、代表者に変更のない割合は 56.1% である。

逆にメインバンク変更のあった非上場企業のうち、代表者に変更があった割合は 48.8%、代表者に変更のない割合は 51.2%であり、メインバンク変更の有無と非上場企業の代表者の変更の有無には有意な関係がなさそうである。

　Berger et al. (2004) では、中小企業の情報の入手の観点から銀行の組織・貸出について論じているが、ハード情報を持つ大企業の貸出には大銀行のほうに比較優位があり、ソフト情報を持つ小企業の貸出に対しては、小銀行のほうが比較優位があるとしている。ソフト情報は貸出担当者から入手されるが、小銀行の貸出担当者は自分の意向が反映されやすく、大銀行の貸出担当者よりもソフト情報を収集するインセンティブが高くなるとしている。

　Berger et al. (2004) で分析されているサンプル企業の記述統計では、47.4〜65.4%の割合の企業が財務記録を所有しているが、このことは約半数の企業は、財務諸表や会計記録が完備されていないことを意味する。このため米国の relationship lending では、貸出担当者の個人的な審査技術や小企業との人間関係が重視され、彼の生産するソフト情報が重要となってくるのであろう。

　しかし、わが国では、およそ金融仲介の機能を持つ地域金融機関においては、いかに中小金融機関であっても借り手企業の財務書類が不備の状態での貸出審査は当局の検査もあり不可能であろう。

　relationship lending において、ソフト情報は貸出担当者が入手し、当該金融機関で独占されるとしているが、わが国では、決算書のない貸出はおよそ存在しない。しかし、中小企業の会計記録が不十分であることは想定されうる。ソフト情報はこの完璧でないハード情報の補完や追加的説明のためにわが国では用いられていると考えるのが妥当であろう。

　したがって必ずしもメインバンク、あるいは取引銀行が独占的にソフト情報を入手しているとは限らない。ソフト情報が地域、あるいは借り手企業と同業者の間で出回っていることも有り得る。したがってわが国ではソフト情報が貸出担当者や支店長の人的関係のみに

依存するとは限らないであろう。

　わが国では米国より取引銀行数が多く、メインバンクとの取引年数は米国より遥かに長い。しかしジョブローテーションが頻繁にある日本では貸出担当者と顧客の人的関係にリレーションシップが依存するとは考えにくい。中小企業と金融機関が立地する同一の地域を媒介としてソフト情報が入手されてくる場合も存在すると思われる。

　わが国地域金融機関の役員の出身地について金融図書コンサルタント社（1997）にもとづき大阪府の信用金庫の現状をみてみると、役員の50.5％が大阪府出身であり、70.9％が近畿地区（京都・大阪・三重・滋賀・兵庫・奈良・和歌山の2府5県）の出身である。信用金庫の役員は地元出身者が多いが、一般職員も同様の傾向があると推測される。

　このことは、同窓、同級生などさまざまな人脈が地域に存在し、会員制クラブのような地域コミュニティが存在し、ソフト情報が入手されていると思われる。わが国では地域のメインバンクと中小企業がかなり長期間継続的な関係にあり、地域に会員制クラブのようなコミュニティを形成し、ソフト情報を吸収する独特の地域のメインバンクシステムが存在すると思われる。

　大阪府の金融新戦略検討委員会で行なわれた「大阪における中小企業金融の実態に関するアンケート調査」によれば中小企業が金融機関に対して自社の評価してもらいたいと考えている部分は、「技術やノウハウ」（74.3％）「顧客基盤や供給体制」（71.9％）、「経営者の資質」（70.7％）といった数字に表れない定性情報が上位を占めた。

　これを見ると、わが国では長期継続的な銀行取引が一般的と言われているが、ソフト情報の生産が必ずしも有効に機能していないことがわかる。単に長期継続的な関係があるからといってソフト情報を生産できているとは限らないわけである。

　これに対して、机上で審査能力、目利き能力を高めよというのは簡単であるが、中小企業の内容を見抜くシステムを金融機関に構築す

る必要がある。リレーションシップで情報の非対称性を緩和するには duration や scope のみならずその質が問題であり、ある一定期間以上を超えれば、すでに情報の非対称性の問題ではない。

加納（2006）ではメインバンクを変更する中小企業の傾向として成長性が高く、当該メインバンクのパフォーマンスが低い傾向にあることを示している。継続性が大切なのではなく、relationship lending の質が重要なのである。

6．地域のメインバンクシステム

6.1　メインバンクシステムの機能

わが国では大企業から中小企業に至るまで、すべて銀行との関係は長期継続的な関係であり、中小企業金融には情報の不透明性の問題がある故、長期継続的な関係によりソフト情報を入手する relationship lending を行うとする理論は、貸出手法の一つの説明であり得ても、わが国の金融システムの説明には不十分である。

そもそも企業の大きさには、大企業と中小企業に2分されているわけではなく、分析者が便宜的にどこかで線を引くだけのことであり、企業サイズは連続的に存在するし、また企業の成長により、企業サイズは次第に大きくなってゆくのである。

金融機関も信金、信組に関しては会員資格の制限 により、貸出可能な企業規模が制限されるが、地銀、都銀に関しては、どれほど大きな企業であろうが、逆に零細の企業であろうが取引することは構わないわけである。このような状況において、わが国はどのような金融機関であろうが、どのようなサイズの企業であろうが、両者の間には長期継続的な関係が存在することこそが日本的な特徴なのである 。

これに対してリ relationship lending は貸出手法とされている。ここに大きな違いがあるのである。メインバンクシステムが一般に上場企業と大手銀行のシステムとされているが、中小企業と地域金融機関の間にも成り立っているシステムなのである。株式持合いが少

ない、銀行からの派遣も少ない、などの違いはあるが、そもそも企業の規模に明確な区分があるというわけでもなく、都銀と非上場企業の関係においてもメインバンクシステムが、地域金融と中小企業の関係においてもメインバンクシステムは成り立っていたのである。

一般にメインバンクに関する定型化された事実には、①取引銀行の中で最大の融資シェア、②株式シェアに関して最大の持ち株シェア、③借入企業に対して役員派遣、④長期的固定的な取引、⑤借入企業が経営危機に陥ったときには救済策を積極的に講じる、などが挙げられる。

このうち中小企業は②と③に関してはあまり該当するとは思われないが①と④の大きな特徴に関しては全く同じである。また一般にメインバンクの機能としては、①リスク・シェアリング、②コーポレート・ガバナンス、③ラストリゾート機能などが言われる。

さらに鹿野（1994）は信用割当の基準をその機能として挙げ、酒井・鹿野（1996）では「メインバンク関係は信用割当基準として機能するだけでなく、預金・為替等についても貸出シェアに準じた取扱いシェアを融資参加銀行に保証するという形で銀行間の利益分配基準としても重要な役割を果たしている」と述べられている。

これは所謂、大銀行と大企業のメインバンクシステムについて述べたものであるが、地域金融機関と中小企業においてもほぼ当てはまる関係を構築してきたのである。

relationship lending は米国のような資本市場型制度が支配的な経済社会の中にも見受けられ、貸出手法としてはより普遍的と言える。しかしながら、わが国においては単に米国と同じような中小企業に対する中小金融機関の一貸出手法という解釈には違和感がある。むしろメインバンクシステムという経済システムの一環と考えるべきであり、それが日本の特徴と考えられる。

不動産担保がわが国の中小企業貸出の特徴の一つであるが、メインバンクは不動産担保を第一順位に設定するのが通常であるから、メインバンクを変更するということは、担保設定の変更にコストが

かかることを意味する。この他、メインバンクを変更することにより、マイナスの reputation が発生することも懸念される。長期継続的な関係を前提とするわが国の企業文化の影響も大きい。

中小企業は資金調達に関して多くの選択肢がある中からその一つの手段としてメインバンクからの借入を選択したというわけではなく、資本市場からの資金調達は不可能であり、銀行から借入を行なうしか方法がなく、しかも金融機関の選択は地理的にみて限られた数しかなく、availability を確保するために、長年付き合ってきたメインバンクとの付き合いを余儀なくされていたのである。

メインバンクを変更するには様々な switching コストもかかるため、中小企業は現在のメインバンクとの relationship をできるだけ良好な関係に保ち、有利な貸出条件を引き出そうとしたのである。

逆に、地域金融機関は限られたエリアの中でできるだけ優良企業を囲い込み、その関連する企業の取引、オーナー経営者家族取引などビジネスチャンス拡大に努めたのである。

したがって、企業内容の不透明な中小企業の情報の非対称性を緩和するために、銀行と中小企業の間に 30 年もの長い期間、継続的な取引関係が構築されたと考えるのには無理があろう。

6.2　地域のメインバンクシステムが存在する理由

それでは、わが国のメインバンクシステムは崩壊し、あるいは崩壊しつつあるのに、なぜ地域金融機関と中小企業の間のメインバンクシステムは現在も重要であり続けるのであろうか。また中小企業がメインバンクを変更せずに長期継続的な関係にあるのはなぜだろうか。

まず考えられるのは、企業内容の不透明の度合い、情報の非対称性の度合いが大企業よりも中小企業のほうが高いからと考えられる。しかし、それだけであろうか。なぜならば、大企業と大銀行のメインバンクシステムの崩壊の要因の一つは規制緩和、金融の自由化の進展という環境変化があった筈である。逆に、中小企業と地域金融機関

の間には金融市場の整備、金融の自由化、競争の促進がなされていないと考えることができる。

　すなわち、中小企業向けの金融市場の整備が向上し、また地域の金融機関の貸出市場の競争がより活発化したならば、必ずしも中小企業は同一金融機関と 30 年もの長期間継続的に取引を行なわないかもしれないのである。地域で代替できる金融機関の数がそれほど多くない ということである。さらに考えられるのは、わが国の貸出には不動産担保を徴求することが多いということがある。

　もし、メインバンクを変更しようとするならば、不動産担保の設定を変更しなければならない。また、メインバンクの方から企業に対して取引を解消したという悪い reputation が地域で発生するということを企業が恐れることも考えられる。

　新たなメインバンクから受けるであろうメリット、メインバンクを変更することによる switching コスト、現在のメインバンクと取引することのメリットを考慮して、新たなメインバンクから受けるメリットからメインバンク変更のコストを控除したものが、現在のメインバンクから受けるメリットよりも大きければ、メインバンクが変更されると考えられる。

　但し、これは中小企業が資本市場に自由にアクセスできない状況であることが前提となる。

7．むすびに

　本稿では、米国の relationship lending と比較しながら、日本におけるリレーションシップバンキングの特徴を明らかにすることを試みた。日本において金融機関と中小企業の取引期間は米国の場合よりも遥かに長く、同一金融機関と約 30 年間取引を行なっている。

　ソフト情報を生産し、情報の非対称性を緩和するのに、そのような長期間を要するのか疑問であり、他の要因を考慮する必要がある。日本では同一の金融機関に職員は長く勤務していることが多いが、職場内の配置転換の頻度は米国よりも高く、貸出に関するソフト情報

の生産過程も異なると思われる。日本には大銀行と大企業の間にメインバンクシステムが存在しているが、地域金融機関と中小企業の関係においても例外ではない。米国のリレーションシップバンキングは貸出手法の一つと考えられているが、日本では金融システムとして捉える必要がある。

　現状として、地域金融機関と中小企業の間に長期継続的な関係が見られるが、これは必ずしも中小企業にとって良好な状態だからというわけではなく、担保等の問題で switching コストがかかることが大きな要因と考えられる。またメインバンクを変更する中小企業は成長性が高く、該当メインバンクのパフォーマンスが低いなどの傾向が見受けられることから、relationship lending は期間に拘るよりもむしろ質が重要と考えられる。

　担保制度を見直し、地域の貸出市場を活発化すること、さらには市場型間接金融、中小企業向け資本市場の創設等、資金調達の多様化を図ることも大切である。

　わが国の中小企業金融において大きな問題であるのは、中小企業にとって資金調達の手法が限られていることである。これは資本市場の問題のみならず、間接金融の手法においても同じことが言える。貸出手法が限定的である。

　中小企業自身も中小企業は不透明な存在であると自ら認めるのではなく、情報の発信を自ら行なうこと（シグナル）も必要であり、決算書類等のハード情報を中小企業自身が整備することも中小企業金融にとって重要なことである。

第22章　令和新時代の地域金融機関の戦略

1．　はじめに

　加納（2018）の地域密着型金融の実証分析では、以下のことを明らかにした。

　リレーションシップを変更する非上場企業は成長性が高いことを全国データの分析で示し、長期的なリレーションシップの継続性や単独の銀行取引が必ずしも、非上場企業の成長には結びついていないという地域密着型金融における負の側面が検証された。

　このことは、わが国の伝統的な地域密着型金融がうまく機能していなかったとも言えるし、また地域密着型金融が本来もつ問題点とも言える。すなわち継続的関係や単独行取引は地域金融機関が非上場企業の情報を独占し、ホールドアップ問題を生じさせている可能性があるということである。にもかかわらず地域金融機関と中小企業が長期継続的な関係を結んできた背景には経済合理的な理由のみならず、中小企業貸出の際、根抵当権を設定して不動産を担保にするという江戸時代に遡る商慣習もその一因であろう。

　事業性評価融資では財務諸表や担保・保証人に過度に依存することなく、企業の成長性を見出すことが期待される。しかし、ソフト情報の評価は決して新しい課題ではない。高度成長の時代にすでにソフト情報をいかに収集するかを銀行員が記した書物がある。情報の非対称性の緩和は地域金融機関が永年抱える問題であり、ソフト情報を重視する伝統的な地域密着型金融の永久の課題とも言える。

地域密着型金融が限界を迎える中で、Society5.0 の時代にはフィンテックが普及すると考えられる。本章では、VUCA と称される不透明な時代に地域金融機関はどのような戦略で生き残りを考えるのか、また、そもそも地域金融機関の存在意義とは何かについて考察したい。

２．地域金融の地理的なエリア

　そもそも「地域金融」と何なのか。「地域金融」に明確な定義があるわけではないが、1990 年金融制度調査会の報告書『地域金融のあり方について』では、地域金融を「地域（国内のある限られた圏域）の住民、地元企業および地方公共団体等のニーズに対する金融サービス」と定義している。

　地域金融とは地域＋金融と解釈することができるが、果たして地域の金融という概念が存在するのであろうか。そもそも経済学における完全競争市場では、多数の買手と多数の売手、生産資源の自由な移動、プレイヤーの自由な参入・自由な退出、完全な情報等が前提条件とされている。

　カネは自由に流れることにより効率的な資源配分が達成できるのである。従って、特に規制されていない限りわが国の金融は全国市場であるはずであり、「地域」は存在しないことになる。株式市場がその例として思い浮かべることができるであろう。

　それでは、銀行の貸出市場についてはどうであろうか。もし、銀行の貸出市場が全国市場であるならば、貸出金利に地域格差は生じ無いはずである。しかしながら、銀行実務家の間では、低金利の地域を指し示すものとして、「名古屋金利」、「京都金利」という言葉がしばしば用いられ、貸出金利が全国一律ではなく、名古屋のような貸出金利が顕著に低い地域が存在することは銀行関係者の間では常識とされている。

　加納（2003）による業種別実効貸出金利の考察では、京都の製造業の貸出金利は、全国平均からの乖離幅は縮小してはいるが、全国平

均よりも依然低く推移している。一方、他の業種の実効貸出金利では全国平均よりもかなり高い水準のものも存在することが明らかになった。

Kano and Tsutsui(2003a)では、貸出金利を県別の貸出供給要因と県別の貸出需要要因から誘導しOLSで推計している。Yは貸出の需要要因で県民所得を、Dは貸出の供給要因で、預金額を用いている。HI(ハーフィンダール・インデックス)は市場集中度を用いている。

被説明変数は信用金庫の貸出金利とし、説明変数は県民所得(Y)、預金(D)、市場集中度(HI)である。サンプル数は410である。

3つの説明変数は1%水準で有意で予想される符号と合致している。このモデルがフィットしているということは、信用金庫の貸出市場は都道府県別に分断されていることになる。

地域銀行(地方銀行＋第二地方銀行)128行をサンプルとした分析では、県民所得(Y)および預金(D)は、予想される符号を満たし、5%水準で有意であったが、市場集中度(HI)は有意ではない。この推計結果からは、地域銀行の貸出市場が都道府県別に分断されているという仮説は成り立ちにくい。

次に Kano and Tsutsui(2003a)では信用金庫の貸出金利をBonferroni の多重比較で都道府県別に有意な差があるか検定している。つまり47都道府県をすべての組み合わせでペアを作り統計的に有意な差があるかどうか検定してゆくのである。47都道府県の比較の組み合わせは $_{47}C_2$＝1081通りあるが、そのすべての組み合わせに統計的有意差があるかどうかを示した。

実務では名古屋金利と言われ、愛知県の貸出金利は非常に低いかのように言われているが、Bonferroni の多重比較の分析結果では、愛知県と貸出金利について統計的有意差のある県は24県であるが、宮崎は42県、高知と青森とはいずれも34の県と有意差がある。

ただし、愛知県は低金利県として他の県と有意な差があるが、宮崎、高知、青森は高金利県として有意な差がある。つまり日本の貸出金利は低金利県が顕著なのではなく、高金利県が顕著なのである。

ちなみに Kano and Tsutsui (2003a)で県ダミーの方法で回帰分析した結果の信用金庫の貸出金利の低金利県上位 5 県は、1 位愛知、2 位京都、3 位岐阜、4 位静岡、5 位神奈川である。逆に高金利県 5 県は、1 位宮崎、2 位高知、3 位青森、4 位熊本、5 位沖縄である。

　貸出金利は貸出の質に依存する。つまり借り手のリスクによって貸出金利は変わる。そこで借り手の質を考慮したリスク調整済の貸出金利の分析を Kano and Tsutsui (2003b)では行っている。借り手の質として、各県内の借り手企業の自己資本比率と産業構成を用いている。

　リスク調整後の信用金庫の貸出金利を県ダミーの方法で回帰分析した結果の低金利県上位 5 県は 1 位福井、2 位京都、3 位北海道、4 位神奈川、5 位東京となり、有名な「名古屋金利」はリスクを調整すると存在しないことになってしまう。

　逆にリスク調整後の信用金庫の高金利県上位 5 位は、1 位宮崎、2 位青森、3 位高知、4 位熊本、5 大分となる。つまり低金利県はリスクを調整することにより大きく県が入れ替わるが、高金利県については、あまり変動はない。宮崎、青森、高知、熊本の 4 県はリスクを調整してもしなくても高金利県のベスト 4 に入る。貸出金利にはこういった地域格差が存在する。つまり貸出市場は分断されているのである。

　貸出市場に市場分断があるということは、金融には「地域」という概念があるということになる。しかし、フィンテックによりこの地理的なエリアの概念が消滅することになる。

3．Society5.0における地域金融機関を取り巻く環境

　今日、地域金融機関を取り巻く環境で大きな影響を与えると考えられるものは 3 つあるだろう。第一に低金利による銀行の収益悪化である。「平成 28 事務年度金融行政方針」では地域銀行の分析として金利の低下が継続する中、銀行全体として利鞘縮小を融資拡大でカバーできず、資金利益は減少が続いており、顧客向けサービス業務

（貸出・手数料ビジネス）の利益率は、2025年3月期に地域銀行の6割超がマイナスになる可能性を指摘している。

　第二は人口減少社会だ。地域金融機関は地域経済の影響を受けやすい。人口の減少は労働力人口の低下、消費の低下という生産・消費両面から地域経済に負の影響を与えると思われる。

　第三はフィンテックの到来である。ビルゲイツは「銀行業は必要だが、銀行は不要だ（Banking is necessary, but Banks are not.)」と語った。銀行は低金利で収益が悪化している中、フィンテック到来によりさらに大きな打撃を受けることが予想される。なかでも規模が小さく人口減少や地域の経済状況に左右されやすい地域金融機関では影響が大きいと思われる。

　フィンテックは地域金融におけるパラダイムの転換をもたらすと言っても過言ではない大きな事件である。フィンテックは Finance（金融）＋Technology（技術)の造語であるが、「金融サービスを最新のIT技術を用いて行うこと」という理解では不十分である。二つの単語の前者に重きを置き、金融が王様で、あくまでも金融が中心に座るべき存在と考えているとフィンテックに対して浅薄な理解をしてしまうことになる。

　経済取引とは財・サービスを提供し、その対価としてお金を支払うことである。主役は実体の経済取引であり、金融は裏方なのである。経済学・金融論では金融とは人間の体で言えば血液にあたる重要な役割を果たすものとしている。血液は重要であることは間違いないが主役ではない。ふだんは表に出ることのない裏方であるべきなのだ。

　実体経済のサービスとは利用者にとって心地よいものである。ところが金融サービスにはそのサービス自体に効用（喜び）があるというわけではない。場合によっては銀行窓口で長い時間待たされ、しかも不愉快な応対をする行員に遭遇すればマイナスの効用が発生することになる。

　銀行窓口へ行くことに、ゴルフ場へ行きゴルフを楽しむような効

表1　地域金融機関の業務の位置づけ

	銀行業務	非銀行業務
地理的住民	A 地域金融機関	B 超銀行
ネット上住民	C フィンテック企業	D IT企業

出所:加納（2018）

用はまったくない。では、銀行店舗の窓口やATMのコーナーへ何のために行くのか。そこへ行かなければ送金や借入、預金などの手続きを行うことができないからだ。もしスマホでこれらのことが完了できるのであれば（スマホ操作に抵抗感がないことが条件だが）、わざわざ銀行店舗に出かけたいと思う顧客はいなくなるであろう。

　IT技術は当然ながら金融サービスのためのみに用いるわけではない。フィンテックとはIT企業が自社の顧客に様々なサービスメニューの一つとして金融サービスを提供するだけの現象なのである。フィンテックという造語の後半の単語であるIT技術にウエイトを置くのが実体経済を中心とした考え方である。そのことこそが顧客目線、生活者の視点ということになろう。

　金融界にとって金融サービスはこの世の主役であったはずなのに、フィンテック到来により金融サービスは脇役にすぎず、実体経済こそが主役であるということを思い知らされることになる。これは大きなパラダイムの転換であると言えよう。

　フィンテックは地理的なエリアを度外視した存在である。地域を基盤にしてきた地域金融機関にとってその存在意義が問われるときである。

　表1は地域金融機関の業務の位置づけについて示したマトリックスである。地域金融機関とは銀行業務を地理的住民に対して行う産業でありAの位置に示される。同じ銀行業務をネット上の住民に対して行うビジネスがフィンテック企業であり、表1ではCの位置に

示される。

　銀行業務以外、すなわち非銀行業務をネット上の住民に対して行うのがIT企業であり、Dの位置に示される。今後、地域金融機関が生き残るためには、Aの位置からCの位置へ進出し、伝統的な銀行業務を地理的住民に対してのみならずネット上の住民に対しても行うことが必要だ。さらにBの位置にも進出し非銀行業務を行う超銀行に進化することも検討の余地があろう。

4．フィンテック登場の背景

　銀行の機能を個別要素に分解することを金融のアンバンドリングといい、別の形で再結合することをリバンドリングという。

　フィンテック FinTech は Finance＋Technology の合成語である。日本語でそのままフィンテックもしくは英語で FinTech と表記し、「金融工学」とは訳さない。フィンテックに明確な定義はない。IT技術による革新的な金融サービスで、金融のアンバンドリングの結果もたらされた金融サービスともいえよう。フィンテック登場の背景としては以下のように(1)ITの普及、(2) 顧客ニーズの変化、(3) 金融機関の弱体化の3点考えられるであろう。

(1) IT の普及

　ITが急速に進展し普及している。コンピュータの性能はムーアの法則により指数関数的に急上昇している。データは SNS や購買履歴情報等から大量に生成分析されるようになった。金融のアンバンドリング化が IT の進展により可能になった。

　この結果、顧客ニーズにあう金融サービスをスマホやウェアラブル端末（体につけたまま使用可能なコンピュータ）通じて入手できる時代になった。IT 企業の情報生産力・分析力が金融機関よりも優れるケースが出てきたのである。

(2) 顧客ニーズの変化

　経済取引は財・サービスを提供し、その対価を支払うことで成り立っている。財に関してはわかりやすい。我々は欲しいと思う商品を吟

味して購入し、その対価を支払う。サービスに関してはどうであろうか。

　我々が海・山・遊園地・テーマパークなどへ行くのはアミューズメントというサービスを入手できるから行くのだ。ゴルフ場・スキー場へ行くのは当該スポーツを楽しむために行く。では銀行の店舗へ我々は何を求めて行くのだろうか。銀行の店舗で待たされるのは快楽ではない。銀行の店舗へ行くこと自体は我々にとって娯楽ではない。

　預金・貸出・為替など銀行のサービスを受けるためだけに行く。では、それらのサービスをいつでもどこでもウェアラブル端末やスマホから受けることが可能であれば、銀行店舗へ行く必然性はないことになる。

　米国ミレニアル世代のアンケートを引用しよう。

　ミレニアル世代とは 1981 年から 2000 年に生まれた世代をさす。アンケートの結果、彼らの意見は次のようなものである。

　最も倒産の危険が高い産業は銀行である。

　彼らの 70％はこの 5 年間に支払手段は全く変わるであろうと考えている。

　彼らの 33％は銀行をまったく必要だと思っていない。

　彼らの 73％は銀行よりも Google, Amazon, Apple, PayPal, Square が提供する金融サービスに期待している。

　これは米国の調査ではあるが、日本にも同様の傾向が今後起きてくるであろうと予想される。このように顧客ニーズが変化してきており、伝統的な金融機関が提供する従来型の金融サービスと顧客のニーズに齟齬が生じ始めるようになったのである。

(3) 金融機関の弱体化

　勢いが増してくるフィンテック業界に対して、2008 年リーマンショックを契機とする世界金融不安と世界同時不況で金融機関は経営内容が悪化した。そのため金融機関は新しい世代の新たなニーズに対処することに出遅れたのである。

5．地域金融の生き残り戦略は何か

　地域金融機関は市場が（曖昧な境界ではあるが）分断されていることを前提とした金融機関である。それはあくまでも「地理的」な分断である。フィンテックが導入されれば「地理的」な分断はなくなり、従来までの「地域」のハードルが消滅することになる。

　今まで離れた地域の地域金融機関は競合しないことが大前提であった地域金融の実質的な「縄張り」が崩れたことになる。このことは競争相手が増え、脅威とも言えるし、ビジネスチャンスが増えたとも言える。

　フィンテックのプラットフォームを使った送金（特に海外への送金）は銀行よりも安い。あるいは無料である。このことは今後、為替手数料などに関して価格競争が激化することが予想され、銀行の収益は悪化するであろう。

　日本でも貸金業法が改正されれば、レンディングクラブのような貸出機関が活発に設立される可能性がある。銀行よりも安く借り、高い金利で預入できるのであれば多くの顧客が銀行からフィンテックベンチャーへ流れるであろう。視点はどこにあるのか。顧客本位・利用者目線で金融サービスを行うことがより必要になってくるであろう。

　新たに登場したフィンテックは決して打出の小槌でも魔法のランプでもない。筆記用具が墨の筆、万年筆、ボールペン、ワープロと変遷してきたように、フィンテック登場は金融業進化による必然の現象であろう。

　貸出審査に SNS の情報やビッグデータを用い、クラウドファンディングを行い、AI 搭載のロボアドバイザーが顧客の相談に応じ、オムニチャネルの店舗展開を行うのは地域金融機関の自然の流れであろう。銀行の機能がアンバンドリングによってフィンテックベンチャーで代替可能になり、また日本の各種法律がそれを認めれば、フィンテックは（地理的な）地域とはまったく無関係なだけに地域金融機関にとっては脅威である。しかし逆にビジネスチャンスとも言えよ

う。フィンテック到来は地域金融機関にとって危機でもありチャンスとも言える。

　金融庁が 2017 年 11 月に公表した「平成 29 事務年度金融行政方針」では次のように述べられている。

「もとより、ビジネスモデルに単一のベスト・プラクティスがあるわけではないが、地域企業の価値向上や、円滑な新陳代謝を含む企業間の適切な競争環境の構築等に向け、地域金融機関が付加価値の高いサービスを提供することにより、安定した顧客基盤と収益を確保するという取り組み（「共通価値の創造」）はより一層重要性を増している」

　このように地域金融機関には新しいビジネスモデルが求められている。人口減少社会、低金利の金融情勢、フィンテックベンチャーの参入という環境がこのまま続くのであれば、株式会社組織の地方銀行は大きな影響を受けることになろう。

　かつて地球上には恐竜が君臨した時代があったが、環境に適応できずに絶滅した。一部は鳥類に進化して生き残った種もあるという。環境に適応することが困難な地域金融機関（特に地方銀行）を地方の恐竜とするならば進化する道はどのようなものがあろうか。

　環境がこのまま変わらないとすれば、地域金融機関の今後の方向性には大別すれば 3 通りある。動物に倣うならば象の戦略、ラッコの戦略、シーラカンスの戦略である。

　象のような大きな動物は百獣の王ライオンでも食糧にすることはない。第一の戦略は巨象のように合併・統合・連携で大きくなることだ。大きければ潰されない TBTF（Too Big To Fail）戦略である。

　再編の手法には合併、経営統合、提携の 3 種類あろうか。

　合併は法人格、人事制度、システムの統一が必要になる。これに対して経営統合は複数の銀行の上に持ち株会社を置くため、統合される銀行は従来の銀行名やシステムを現状維持できる。提携（アライアンス）はシステム共同化やフィンテックの開発など様々な領域でシナジー効果を期待するものである。

さて、象になることを目指し TBTF 戦略を選んだ場合、新たな銀行は 2 つの選択肢があろう。一つは現在あるメガバンクと同じような故郷を持たない大規模な銀行だ。本稿では第 2 メガバンクと呼ぶことにしよう。もう一つの選択肢は故郷を持ち、母体となる地方銀行の故郷にこだわりをもつ銀行だ。本稿では広域地方銀行と呼ぶことにする。

　第二の戦略はラッコの戦略だ。ラッコは哺乳類でイタチ科だ。もとは陸上の生物だったが、何らかの事情で水の世界へ逃げ込んだのだろう。現在では岸近くの海中で暮らしている。しかし泳ぎが得意ではないので魚を掴まえることができず、動きののろいウニ、蟹、貝を主食とし、海面に仰向けに浮かびながら食べる。海に棲む生き物だが大海原を泳ぎ回り、魚を追いかけ捕獲して食べるという生き様ではない。今更、陸上に戻るわけでもなく、ラッコはニッチ部門での生き方と食糧を確保したと言える。ラッコ戦略はニッチ部門を探し、他金融機関との差別化をはかり棲み分けで生き延びることだ。

　ラッコ戦略はニッチ部門で他行との差別化を図り独自のビジネスモデルで顧客を掴む戦略だ。そのためにはターゲットを特化することも一つの選択肢であろう。どの地域金融機関も軒並み同じ商品を揃える必然性はない。法人貸出を取りやめる選択もあろう。商品だけではない。対象を選別することもある。例えば超富裕層のみを対象にする戦略もあるだろう。

　地理的エリアによる澄み分けではなく、取扱商品による市場分断である。個々の地域金融機関はそれぞれの特化する市場にあわせたビジネスモデルを構築する必要があろう。

　採算があうと思われる現実的な特化する市場はまず個人ローン部門であろう。本稿では個人ローンに特化した銀行を個人ローン銀行と呼ぶことにする。また今後は、富裕層や超富裕層を対象にしたプライベートバンキングもあり得ると思われる。

　第三の戦略はシーラカンスの戦略だ。シーラカンスは古生代に出現し白亜紀に絶命したとされていたが、1938 年南アフリカ東海岸で

発見され、原始的な形質を有し「生きる化石」とされる。決して古い物を揶揄しているわけではない。地域金融機関の原点に回帰することが必要ということだ。地域金融機関の原点に戻り face to face を重視する。

近代経済学のいうところの市場メカニズムと経済合理主義で割り切れない地域の文化風土の狭間の中で今まで何とか経営してきたのが地方銀行である。しかしフィンテック到来により、銀行の機能、存在意義はフィンテックベンチャーで代替可能な時代になった。

顧客はより利便性が高く、よりコストの低い手段を選択し、より自身の文化にあうシステムを好む。このような時代には、従来の地方銀行の在り方は曖昧な立場になる。株式会社形態をやめ、協同組織化することも選択肢の一つであろう。

具体的には地方銀行から信用金庫へ転換するということだ。場合によっては、この逆、すなわち信用金庫から地方銀行への転換もあろう。シーラカンス戦略にも2種類ある。

一つは組織を株式会社組織から非営利組織にする戦略だ。あえて信用金庫化とか協同組織金融機関といった既存の組織形態にこだわる必要はなかろう。従来の組織形態にとらわれない自由な非営利組織を考案することが期待される。

本章ではこの形態の銀行を相互扶助金融と呼ぶことにする。相互扶助金融においては、店舗や定期積金の役割も再認識される必要があろう

もう一つのシーラカンス戦略は、現在の銀行業＋αのビジネスを付け加えることだ。地域経済のために貸出を行う、ではなくて地域経済そのものを新しいコミュニティ産業として興すことが必要だ。

ムハマド・ユヌスが述べるソーシャルビジネスの目的は利益の最大化ではなく、貧困・教育・健康・技術・環境等、地域の社会問題の解決を第一の目的にしている。

表2　地域金融機関生き残り戦略

戦略	特徴	銀行の分類・名称
TBTF戦略	故郷のない広域銀行	第2メガバンク
	故郷をもつ広域銀行	広域地方銀行
ニッチ戦略	個人ローンのみ扱う	個人ローン銀行
	富裕層のみ対象	プライベートバンキング
原点回帰	非営利組織	相互扶助金融
	コミュニティ総合産業	超銀行

出所：加納（2018）

　筆者がここでいう「コミュニティ産業」とは、いわば「地域の社会問題解決産業」とも換言できよう。また、金融庁のいう「共通価値の創造」にもつながるであろう。

　本章では、こうしたコミュニティの総合産業を行う地域金融機関を、銀行を超える銀行ということで超銀行と呼ぶことにする。

　これら地域金融機関の 3 つの生き残り戦略と進化した形の 6 つの銀行の分類を示したのが表 2 である。

　これら 3 つのうちどの戦略を選んでも、フィンテックベンチャーと連携するか地域金融機関独自に技術を開発するかして、地域金融機関はフィンテックを重視する必要がある。

　今後、金融界だけではなく、さまざまな分野で人工知能が働く人の仕事を奪うであろうと予想されている。人間よりも廉価で正確で優秀であれば、当然ながら企業は人工知能を導入するであろう。すると、我々にとって労働とは何だろうかという究極の問題につきあたることになる。労働に対する価値観、あるいは人生観そのものの再考につながるように思われる。

　AI に仕事を奪われる時代になると、労働以外の価値観を我々がもっていないと生きている意味を見出すこともできなくなろう。シー

ラカンス戦略で株式会社の地域銀行を非営利組織の「相互扶助金融」にすれば、地域金融機関職員の給与は下がるかもしれない。しかし、生きがいや働きがいはどうであろうか。また、「超銀行」としてコミュニティ産業に携わることは、職員にとっては金融業の枠を越えた新たな生きがいを入手することに繋がるとも言える。

　今後、営業ノルマなどのないティール組織を望む声は金融機関でも高まるであろう。地方創生という目的を共有し、高度な次元で人が働くならば、地域金融機関、NPO、地域コミュニティ産業には垣根がなくなる日が来るかもしれない。

　構成労働省の「国民基礎調査」によれば、わが国の相対的貧困率は、1985 年は 12.0％であるが、2015 年は 15.7％と約 4 ポイント上昇している。子どもの貧困率は、1985 年は 10.9％であるが、2015 年は 13.9％に 3 ポイント上昇し、わが国の格差は拡大していることがわかる。2000 年代半ばには働いても低い所得しか得られないワーキングプアも話題とされるようになった。

　昨今は労働市場に参加しない（できない）ミッシング・ワーカーの存在も指摘されるようになっている。また何らかの事情で「社会的排除」された人々も問題になっている。

　こういった人々に対しても優しい地域金融機関であってほしいものだと感じる。

第23章　シェアリングエコノミー

　人々の働き方はしだいに変化してきている。働き方の変化は経済社会の変化と強く連動している。

　経済社会の変化の例として本章では、シェアリングエコノミーについて述べる。

１．シェアリングエコノミーとは何か

　シェアリングエコノミーという言葉に明確な定義があるわけではない。シエアリングは「共有すること」であるから、文字通り訳せば、「共有経済」ということになろうか。物を共有する経済というのは、経済の歴史の中では奇妙な概念である。

　自給自足の社会は経済社会とは言わない。人類は自分が欲しい物を自分の物にするために物々交換を行った。次に貨幣を対価として欲しい物を入手した。

　経済社会では所有することを目的として発達してきた。「所有」から「共有」という価値観に変わるのは大きな転換と言える。

　シェアリングエコノミーはあくまでも（公共財ではなく）私的財に対して占有ではなく共有するという概念である。

　シェアする物の例としては、家、車、食事、家事などがある。空いている部屋や空き家という遊休資産を持つ人がいる。その一方でホテルよりも安価に宿泊したいという人がいる。

　車を持ち、運転をしてもよいと思うドライバーがいる一方で、タク

シーよりも安価に車で送迎してもらいたい利用者がいる。

　手作りの料理に人を招きたいと思う料理好きな人もいれば、そのような席で食事をしたい人もいる。このように遊休資産と自分の空いた時間を活用したい人や自分の得意なことや趣味を生かしたいと思っている人と利用者を結びつけるプラットフォームの業者の三者がシェアリングエコノミーのプレイヤーである。

２．シェアリングエコノミーの例

　宿泊サービスの例として Airbnb（エアビーアンドビー）がある。Airbnb の CEO のブライアン・チェスキーは、もともとはサンフランシスコでデザイナーの仕事をしていた。

　デザイナーのカンファランスで世界中からサンフランシスコに人が集まることに着目し、自分が借りているロフトを彼らに貸すことを思いつきネットで借り手を募集した。

　この経験が宿泊サービス Airbnb のスタートとなった。個人間(P2P)で貸借を行うので、お互いのニーズさえ合致すればよい。たとえば自宅２階は子供部屋として長く使用していたが、子供は独立し、２階は空いている、というような場合、その空き部屋を貸せばよい。ベッドだけ、ソファーだけでもよい。

　老親が住んでいた離れも遊休資産として税金だけ払っているのは無駄である。壊すにも費用がかかるし、そもそも老朽化して住めないわけでもない建物を壊すのはもったいない。こういった際の遊休資産の活用ができる。

　大々的にホテル業を開業しようと思えば初期投資が大きい。またホテル業としての規制もある。しかし P2P での貸借は気軽に開始できる。今までアイディアとして部屋の貸し借りはあり得ても、空き部屋を持ち貸したい人と安く借りたいという人を結びつけるプラットフォームがなかったのである。

　このプラットフォームに着眼した Airbnb は 2008 年のサイト開設以来、急成長している。Airbnb では貸し手、借り手双方に互いを評

価するシステムや両者のトラブルを仲裁する制度を設けている。

　ライドシェアサービス、カーシェアリングサービスの例として2009年に創業したUber（ウーバー）がある。車を持っている個人がスマホを通じて車に乗りたい個人を探して有料で乗車サービスを行う。

　タクシー免許（日本では第二種運転免許）を持たない個人でも可能である。運営している企業は、両者をマッチングさせるアプリを提供している。

　こういうシステムをO2O（Online to Offline）という。Uberではタクシーを予約する際はアプリで行い、乗車料金は事前に登録したクレジットカードで決済される。領収書はメールで送付される。

　Online とは予約と自動決済のことをさし、Offline とは実際のサービス、つまりタクシーで目的地まで客を運ぶことをさす。

３．シェアリングエコノミー登場の背景

　シェアリングエコノミーが登場した背景にはどのようなものがあるだろうか。まずIT技術が進化したことがあげられる。IT技術の進化に伴い、ビジネスのプレイヤーが変化してきた。必ずしも従来からあった大企業が主役ではなく、ITやネット関連のベンチャー企業が急成長し、大きな影響力を持つようになってきた。

　IT技術の進化により、スマホが普及し、いつでもどこでもPeer to Peer（PtoP あるいは P2P とも書く）という不特定多数の個人と個人のやり取り（n 対 n）が可能になった。

　従来のビジネスはBtoC型で、提供者は法人で、利用者は個人というのが普通だった。それが提供者も利用者も個人という関係に大きく変化している。

　第二に消費者の嗜好が細分化・複雑化してきている。ＩｏＴ（Internet to Things）と呼ばれるモノがネットにつながる時代になり、このような消費者の嗜好の変化はさらに著しくなり、対応したビジネスが必要になってきた。

第三にリーマンショックという大きな経済環境の変化がある。2008年リーマンショックが引き金になり世界金融危機が起きた。世界的大不況は人々の消費に対する考え方を慎重にさせた。

　リーマンショックの際には多くの失業者が発生した。自宅の空き室を貸し、収入の足しにしようと考えた人が増え、シェアリングエコノミーの追い風になった。

　日本では1980年代後半にバブルを経験した。1991年にバブルが崩壊し、株価・地価が暴落した。金融機関は不良債権を抱え、その後景気は低迷し、「失われた10年」あるいは「失われた20年」と言われた。

　我々は不確実な時代に生きる知恵を身につけたのである。すなわち過剰な消費や過剰な所有は不要だということだ。こうして、必要なときに本当に必要な物を妥当な手段で使用（所有とは限らない）すればよいというオンデマンド型の経済が誕生したのである。

　第四に、人々の環境への関心が高まってきたことがある。人類は経済成長を求め、消費社会が拡大した。その結果、モノが溢れ、ゴミの量も増え、環境は破壊されていった。環境保護の意識の高まりは、同時に、大量消費やその前提となる所有という価値観に疑問が呈されるようになった。

　第五に、現代は新しい資本主義が誕生しつつある転換点と言える。消費を美徳とする資本主義ではなくなり、企業、特に大企業を中心とする資本主義から大衆（クラウド）が主役となる資本主義へ変わってゆく移行期と考えられる。

　大企業のように大きな資本を持たなくても遊休資産や空いた時間を活用すれば参入できる。起業の契機にもなるであろう。

トマ・ピケティは『21世紀の資本』の中で、格差がなくならない原因を簡単な不等式 $r>g$ で説明している。

r: 資本の平均年間収益率で、利潤、配当、利子、賃料などの資本からの収入を、その資本の総価値で割ったもの。

g: 経済の成長率で、所得や産出の年間増加率をさす。

　不等式 r>g が常に成り立つと、資産を持つ富裕層は収入が r で伸びてゆく。相続財産を親から引き継いだ子孫も同じだ。しかし、資産を持たない庶民は労働力しか持たない。そのため、r よりも低い率の g でしか伸びてゆかない。そのため格差は広がってゆくとする考え方である。

　さらに、大きな資本を持つほど、運用も余裕を持って行うことができ、儲ける好機を得ることができるであろう。

　しかし、資本を持たず我が身の労働力だけが頼りの人は長い時間働くか、労働の単価を上げるしか方法がない。所得の年間増加率（賃金の上昇率）は、資本の収益率よりも低いのであれば、資本を持たない者と持つ者の格差は拡大するばかりとなる。

　小さな資本（あるいは遊休資産）とわずかの隙間の時間で始めることができるシェアリングエコノミーやギグエコノミーにより、このような格差は解消されてゆくと期待される。

　Uber では運転手が社内に宝石を置き、乗客に販売し利益を得るという副業で儲けた運転手もいる。アイディア次第でシェアリングエコノミーやギグエコノミーはビジネスチャンスを手に入れることができるのである。

４．シェアリングエコノミーの問題点

　シェアリングエコノミーの大きな問題は規制だ。タクシー業界にもホテル業界にも規制があるが、シェアリングエコノミーに既存の業界と同じルールを適用してよいのか、あるいは適用しなくてもよいのか、ということが浮上してくる。

　宿泊税が必要なホテルに対して、シェアリングエコノミーの宿泊サービスは不要でよいのか。対価を得て利用客を宿泊させるにあたって安全面の配慮はよいのか。

　顧客を乗車させるのであるから、バスやタクシーの運転手同様に

ライドシェアサービスの運転手は、二種運転免許取得が要求されるのではないか。

　公正な競争の観点から、あるいは利用客の安全性の観点など様々な観点から新たな規制のフレームワークが今後、必要となるであろう。

　シェアリングエコノミーの業者は需要側と供給側を結びつけるプラットフォームである。供給側の運転手、住居を提供するホスト、家事サービスを行う家事請負者はプラットフォームの従業員ではなく個人事業主とされる。

　したがって、労働者としての最低賃金という概念から外れ、労働を行う際の様々な諸経費は個人事業主の経費とみなされる。また仕事中に事故を起こし自分が負傷した場合、利用客に怪我を負わせた場合などの、補償が問題となる。

　実際、経費負担問題、労災保険問題などで、Uber や清掃サービスの Homejoy ではトラブルが起きている。シェアリングエコノミーにはまだ解決しなければいけない問題は残されているが、今後拡大してゆくビジネスとして期待されるであろう。

　シェアリングエコノミーは、今後、増えてゆくと思われるインディペンデントワーカーの増加の要因ともなるであろう。

第２４章　ギグエコノミー

　経済社会の変化の例として、次にギグエコノミーについて述べたい。

　実家が自営業なので後を継ぐという人もいるかもしれないが、現代の学生の殆どがサラリーマンを目指すであろう。それでは、今から100年前の1920年、つまり大正9年のサラリーマンは有業人口中どのくらいの割合を占めたのであろうか。

　竹内（1999）によれば、1920年（大正9）のサラリーマンの割合は、わずか5.5%、1930年（昭和5）は6.9%にすぎなかった。当時、サラリーマンは、日本の知識階級であり、日本の知識階級はすべてサラリーマンに属していると言われた時代ゆえの数値である。当時サラリーマンは憧れの存在だったのである。

　ところが、このサラリーマンの割合は、1955年（昭和30）には14%、1965年（昭和40）には19%に増加した。大学進学率の上昇に伴い、学歴インフレと言われる時代になり、「知識人」や「インテリ」という言葉が意味を持たなくなってきた。こうしてサラリーマンは次第に増えていった。

　逆に、農業人口は1926年（昭和1）には52%であったが、1960年（昭和35）は33%、1977年（昭和52）には14%と減少の一途をたどった。

　今日の我々が普通のことに思える「会社に勤める」という働き方は、100年前は5%の人だけが行う特権的なことだった。逆に、現代では

非常に少ない割合の農業従事者が過半数を占めていた。

　昨今、インディペンデントワーカーという組織に所属しない生き方やギグエコノミーという「ちょっとした仕事」も副業・兼業として注目されている。

　組織に所属し、毎朝満員電車に揺られて定刻に決まった場所へ出勤するというスタイルはまだこの数十年間の歴史でしかない。令和新時代は組織に属するかどうかはこだわる必要のない時代になるであろう。

　手元にある英和辞典で gig を調べると、（ジャズなどの）演奏、出演、（1 回限りの）出演契約、と書かれている。また英英辞典では、(informal) an engagement to play jazz etc., especially for single performance. とされている。

　どうやらギグの語源はジャズなどの単発の演奏の仕事をさすようである。まだ日本では gig economy の定着した訳語はなさそうで、ギグエコノミーとカタカナで表記するか「単発の仕事」と訳せばよいのであろう。

　ダイアン・マルケイ著、門脇弘典訳『ギグエコノミー』では次のようにギグエコノミーの例をあげている。

　「現代社会の働き方を、終身雇用の正社員から無職までずらりと並べたとしよう。ギグエコノミーとは、その二つに挟まれた様々な労働形態を幅広く含む概念である。コンサルティングや業務請負、パートやアルバイト、派遣労働、フリーランス、自営業、副業のほか、アップワークやタスクラビットといったオンラインプラットフォームを介したオンデマンド労働などがあてはまる」

　マルケイによるこの定義を読むと対価のある労働でさえあれば「何でもあり」だなと思えてくる。2005 年〜2015 年におけるアメリカの就業人口の純増はすべて、非伝統的就業形態によるもので、フルタイム労働は寄与していない。ギグエコノミーの規模は相当なもので急速に拡大していることがわかる。

　日本でも平成 30 年の「労働力調査」によれば、非正規の職員・従

業員の割合は37.7%で確実に増加している。

　マルケイはギグエコノミーの明るい展望として次のように述べている。

　「ギグエコノミーはジョブ（職）中心の労働市場をワーク（働き）中心の労働市場に変え、働き方に革命を起こそうとしている。フルタイム雇用で働くフルタイム従業員という紋切り型を脱した、新しい労働モデルを企業と労働者にもたらしてくれるのだ」と述べ、高いスキルを持つ働き手はいいジョブからいいワークに乗り換え、バッドジョブに就いている低スキルの働き手は、悪いジョブよりもましなワークに就けるという希望を与えている。働き方のみならず生き方も変革し、40年間猛烈に働き、そのあと引退するという人生設計にこだわることはない、としている。

　ギグエコノミーによる成功法則をマルケイは詳しく解説している。人生100年時代の生き方・働き方として大いに参考になると思われる。マルケイはギグエコノミーという言葉を用いているが、インディペンデントワーカーと言い換えてもよいであろう。

　人生100年時代、組織に属するだけではない生き方のヒントになるであろう。場合によっては、組織に長く所属したいと思っても勤務した会社が倒産する場合もありうる。

　むろん、物事は楽観的見方も悲観的見方もいずれも可能だ。シェアリングエコノミーやギグエコノミーの到来する社会について悲観的に考える人もいるかもしれない。

　しかし、筆者は、未来は予測するものではなく、前向きに築きあげてゆくものだと考えている。

第25章　働き方改革

　生産性向上ということを言い出したのは、人類の長い歴史の中ではまだごく最近のことだ。長時間労働もしかり。山内（1992）では未開の労働時間が非常に短いこと、「遊び」と労働の識別が明確でなかったことを示している。

　高坂（平成4）p.228では、イギリスの小説家トロロープが19世紀後半の「働き病患者」の描写について引用している。すなわち「彼は午前10から午後4時までは必ずオフィスで働いていた」というのである。

　政府は2015年夏に「一億総活躍社会」の実現を目標として掲げた。女性や高齢者の就業機会の拡大し、人々が良好なワーク・ライフ・バランスの中で働きがいを感じられる社会の実現をめざせば、ひいては日本経済の活性化にもつながる。

　2016年8月『働き方の未来2035〜一人ひとりが輝くために〜』報告書が発表された。同報告書では次のように述べている。「2035年にはさらなる技術革新により、時間や空間や情報共有の制約はゼロになり、産業構造、就業構造の大転換はもちろんのこと、個々人の働き方の選択肢はバラエティに富んだ時代になるに違いない」

　同報告書に述べられているように、今後、労働経済に関して大きな転換が予想される。

　長時間労働をなくそうとする動きはよい。「過労死」という悲劇は

避けなければならない。人間は奴隷ではない。

　しかし、二つの現実がある。第一に、仕事の合理化はコストがかかり、時短の限界もある。仕事は（人間のみならず、人工知能も含めて）誰かが行わなければ片付かない。そのしわ寄せは中間管理職に集中する可能性がある。

　第二に、ある職場での労働時間が短縮されても、副業を持ち他の職場で働くならば、一人の人間の労働負荷は減少するどころか増加する可能性がある。

　副業についても様々な問題がある。

　2018年3月、経済産業省が主催する有識者研究会は「人生100年時代」の望ましいキャリア像のため、副業や出向の機会を増やし、個人が複線的なキャリアを形成すべきという報告書を発表した。すなわち、働き方改革は経済政策であり、副業は人材をどのように生かして日本社会の生産性を高めるかという点で必要不可欠なものとされる。

　副業は政府が後押ししているし、またIT技術の発達も追い風だ。クラウドソーシングで副業を探しやすくなっているし、クラウドファンディングで個人のビジネス・商品アイディア、起業アイディアに資金調達しやすくなっている。

　企業側も推進派と慎重派の意見がある。

　推進派は社員が副業先で得た知見や技術を自社に還元し、「大企業病」を防ぐ活性剤になり、イノベーション創出を期待している。

　オープン・イノベーションは様々な業界で取り入れられている。時代の流れでもある。

　また積極的賛成というよりも人手不足のおり、働き方の自由度を高めて、他の企業で働く副業を容認して、社員をつなぎとめておかないと人材を確保できない業界もある。

　逆に副業という労働形態でなければ人手を確保できないという業界もある。

　慎重派は、本業での仕事のパフォーマンス低下や企業の情報漏洩・

人材流出のリスクを危惧する。労働災害、時間外手当の対応などをめぐるトラブルも今後予想され、法整備が必要であろう。

　副業解禁で政府が望むことは柔軟な働き方をすることで生産性を向上させ経済成長することだ。

　企業が望むものはイノベーション、人材の活性化（少なくとも大企業病の予防）であろう。

　そして働く者は何を望むのであろうか。パラレルキャリアで収入の安定を確保した上で自分自身の成長、生きがいも見出すということだ。むろん副業から得る収入も期待できる。

　優秀な人材はスキルを持ち、本業の企業でも副業の企業でも稼ぐことになる。より生きがいを感じることにつながるかもしれない。

　しかし、そのような能力のない人材は、副業をしなければ稼げず、より労働時間が増えることにつながる。また法律や経営者の力で律することのできない職場の人間関係に軋轢を生じさせるかもしれない。

　歴史は繰り返すという。歴史は不可逆性をもつともいう。いずれにせよ、我々は歴史から何らかの教訓を得ることができる。

　拙著『江戸の働き方と文化イノベーション』では下級武士の副業について考察した。御徒の大田直次郎は文人大田南畝として多くの著作を残した。当時、下級武士は副業を持つのはあたりまえであった。すなわち武士でありながら、実際は農民、職人に準ずる仕事をしていた。さすがに武士が店を出して商いをすることは憚られた。

　こうして江戸時代は士農工商という四民の制度は建前だけで、支配階級である武士の内部から封建制は崩壊を始めた。

　翻って「働き方改革」が推進される現代、どのような時代がやって来るのであろうか。

　副業をもつ社員の間で、どのような「仲間意識」が形成されるのであろうか。A社に勤務する時間はA社社員と仲間。B社に勤務する時間はB社の社員と仲間というように「仲間意識」を場所と時間に応じて切り替えるのであろうか。

いや、A 社に対しても B 社に対しても会社というもの、組織というものに対して帰属意識というものは薄れてゆくのであろう。

　副業は二つの既存の組織に属することを意味するとは限らない。一方は自由業、あるいは起業ということもあり得るであろう。次第に人々の生き方が「〇〇会社の誰それ」という生き方から、自分自身をどのようにプロデュースして生きて行くか個人事業主的な生き方に変化してゆくことが想像される。

　人生 100 年時代を前提とするならば、人生のある一時期、働いた企業という位置づけに変わってゆくことが考えられる。会社という組織に属することが、人生において大きな意味をもたなくなるのかもしれない。

　これに伴い企業哲学も変わってゆくであろう。京セラの名誉会長稲盛和夫氏はその著書『京セラフィロソフィ』p23,p44,p349 の中で「人生・仕事の結果」に関する formula（方程式）を次のように示している。

$$人生・仕事の結果＝考え方×熱意×能力$$
$$ただし、-100 \leqq 考え方 \leqq 100$$
$$1 \leqq 熱意 \leqq 100$$
$$1 \leqq 能力 \leqq 100$$

　稲盛は「考え方」を「心」や「経営哲学」とも換言しており、企業経営を行うにあたって最も大切なものとしている。したがって間違った心をもって経営を行った場合、「考え方」の符号は負になり、いかに「熱意」や「能力」が優れていても掛け算で算出する「仕事の結果」はマイナスになるということだ。

　稲盛の成功方程式の左辺は人生の成功と仕事の成功双方であった。果たして人生の成功と仕事の成功は同じことなのか、という疑問が生ずる。

　また能力に非常に秀でた人物がいるように、その逆もある。不足す

る能力を補う熱意も十分に発揮できる人とそうでない人の差はあるだろう。

　多様性のある社会である。方程式のような数値で示せない人の生き方がある。宇宙には法則があるのかもしれない。稲盛は宇宙には意志があるという。その意志と調和することが大切で、それには美しい心が大切だとする。

　稲盛は仏教の「因果応報」という言葉を用いる。そのタイムスパンは長く、現世だけではなく、死後の世界まで含めたものであるとする。

　令和新時代には、「場所」「時間」「範囲」の概念が変わるであろう。

　従来の「会社」の人間関係はどうなるであろうか。

　従来型の「会社」の人間関係は希薄になるであろう。しかし、プロジェクトクトの目的別に今後、様々な組織が形成され、そして解散してゆくことが考えられる。

　同一人物でも働き方、働く目的が一生同じということはない。そのライフステージにおいて変化してゆくであろう。

　すると生涯、「何となく」同じ会社で働く場合よりも目的が明確で集まった同志のほうが目的・志が同じであれば絆が強固な結束になることが予想される。

　本書を上梓した 2020 年初春はまだ「働き方改革」を政府が推進している時代であった。その後、コロナショックが起き、国に働き方を改革することを勧められるまでもなく、企業はテレワークを導入せざるをえなくなった。

　リモートオフィスという考え方が普及し、都会から人が密集していない地方への動きも今後加速するであろう。

　コロナの混乱がおさまったとしても、副業はリスクヘッジのための手法として再考されるであろう。また幾多の経済危機を乗り切った実績のある長寿企業の多くが、営業外収益力が高いことからもわかるように、本業以外の分野の業務を確保しておくことは、個人・法人を問わず重要な生き残り戦略となろう。

第26章　イノベーション

　令和新時代の企業にはイノベーションがより重要になるであろう。令和新時代は VUCA と呼ばれる不透明で、かつ変化のスピードが非常に激しい時代だからである。

　本章では、令和新時代のイノベーションについて考察したい。

1．第4次産業革命と Society5.0

　2016 年に「日本再興戦略 2016－第4次産業革命に向けて―」が公表された。

　第 4 次産業革命という言葉の初出はドイツで 2010 年に開催されたハノーバー・メッセ 2011 で提唱された Industry4.0 とされる。

　第 1 次産業革命とは 18 世紀後半、石炭・蒸気を動力源とする軽工業を中心とする経済発展。第 2 次産業革命とは 19 世紀後半、石油・電気を動力源とする重工業を中心とする経済発展。

　第 3 次産業革命とは、20 世紀後半、コンピュータなどの電子技術やロボット技術を活用したマイクロエレクトロニクス革命により自動化が促進された現象をさす。

　そして第 4 次産業革命とは、デジタル技術と IoT の発展による経済発展や社会構造の変化をさす。

　I o T (Internet of Things)とは、あらゆるモノがインターネットにつながる状況をさす。

　第 4 次産業革命によりもたらされる社会は、①狩猟社会、②農耕

社会、③工業社会、④情報社会に続く Society5.0 と言われ、人類史上 5 番目の社会とされる。

　Society5.0 は、サイバー空間とフィジカル空間を高度に融合させ、経済的発展と社会的課題の解決を両立し、人々が快適で活力に満ちた質の高い生活を送ることができる、人間中心社会とされ、超スマート社会とも呼ばれる。

　現在進行形の社会であり、我々が理想の社会を築いてゆくべきであろう。

　人工知能やロボットの普及により、我々が雇用を奪われ失業するという社会ではなく、先端技術の恩恵により時間に余裕ができ、人々はゆとりのある暮らしができる社会であってほしい。

2．イノベーションの必要性

　シュンペータによれば、イノベーションとは、新しいものを生産する、あるいは既存のものを新しい方法で生産することである。その類型に創造的活動による新製品開発、新生産方法の導入、新市場の開拓、新資源の獲得、組織の改革をあげている。

　人口減少社会の我が国での経済成長には、有効需要を喚起するイノベーションが活発に行われることが期待される。

　都留（昭和 49）では究極の有効需要を起こす手法として架空の例が述べられている。

　平穏無事で、公衆衛生も行き届いた社会、ただし失業者が少数存在する。この社会には蚊が一匹もいない。失業者たちは蚊を輸入し繁殖させた。同時に蚊取り線香などの商品を製造販売する。

　蚊を駆除する商品という有効需要を喚起したことにより、失業者を減少させ、GDP の増加を可能にした。むろん、これでは経済的福祉は下がる。

　蚊の例は笑い話だが、現実の経済では類似した現象がないわけではない。例えば、世の中でトラブルが多ければ弁護士の仕事が繁盛する。美食・飽食で歯科医、ストレスで健康産業のニーズが高まる。「美」

に対する過度な要求の高まりが美容整形を繁盛させる。

　流行している雰囲気を醸し出すことで、当該商品・サービスの需要はさらに高くなる傾向がある。いわゆる他者の需要量が多いと自分自身の需要量も増えるバンド・ワゴン効果は Society5.0 の時代には消費に大きく影響すると思われる。

　Society5.0 という新しい時代のニーズに応える新商品・新サービスを提供するためには、イノベーションは不可欠であろう。しかし、現状では我が国のイノベーション活動は低い水準にあり、特にサービス業において低水準である

３．イノベーションの分類

　イノベーションは大別すると、技術的イノベーションと非技術的イノベーションに 2 分される。さらに技術的イノベーションはプロダクト・イノベーションとプロセス・イノベーションに分けられる。非技術的イノベーションはマーケティング・イノベーションと組織イノベーションに分けられる。

　『平成 29 年版労働経済白書』に基づき、各々のイノベーションを説明する。

　プロダクト・イノベーションとは、技術使用、部品・材料、組み込まれているソフトウエア、使いやすさ、または他の機能的特性といった点について、新しいまたは大幅に改善された製品またはサービスの市場への導入を意味する。

　プロセス・イノベーションとは、新しいまたは大幅に改善された生産工程または配送方法の自社内における導入を意味し、技法、装置およびソフトウエアに関する大幅な変化もその対象とする。

　マーケティング・イノベーションとは、製品またはサービスのデザインまたは包装の大幅な変更、販売経路・販売促進方法、あるいは価格設定方法にかかわる新しいマーケティングの方法の自社内における導入を意味する。

　組織イノベーションとは企業の業務慣行、職場組織または社外関

係に関する新しい方法の自社内における導入を意味している。イノベーションは結局のところ、既存の知と他の既存の知を新しい組み合わせで新しい知を創出することであろう。まったく新しい「知」を何もないところから思いつくことができるのは天才だけだ。

　我々が宇宙に何らかの生命体がいるとして思い浮かべることができるのは、地球上の既存の生物を変形したものである。芸術のようなインスピレーションで完成されたと思うような活動でも、実は既存の知を新たに融合した作品の場合がある。

　例えば映画の大ヒット作『タイタニック』は、古典的名作『ロミオとジュリエット』を沈みゆく船上でのドラマとしたものである。三島由紀夫の『天人五衰』は、菅原孝標女の『浜松中納言物語』にインスパイアされた作品とされる。菅原孝標女は『更科日記』の作者として著名である。

４．オープン・イノベーションとビジネス・エコシステム

　必ずしも同じ業界とは限らない多くの企業や研究機関・大学が参加してイノベーションを起こす方法がオープン・イノベーションである。企業の枠を超えた新規事業開発や高度な専門スキルを有する社外の人材の起用などをさす。

　これに対して特定の参加者のみで研究開発を行うのがクローズド・イノベーションである。我が国の家電・自動車・IT産業等で行われてきた親企業と子会社の共同開発の手法である。クローズド・イノベーションでは企業活力を生み出すことができないとされる。バブル崩壊後の時代（1991年以降）は「失われた10年」あるいは「失われた20年」と言われる。

　中には「失われた30年」になると言う学者もいる。バブル崩壊以降の低成長の要因は様々に指摘されるが、クローズド・イノベーションもその要因の一つとされる。多様な事業主体が系列や業界の枠を超えて、場合によってはライバル関係にある事業主体も有機的に連携して、共存・共栄を図るオープン・イノベーションのシステムをビ

ジネス・エコシステムと称する。なおエコシステムの本来の意味は生態系である。

5．イノベーションの阻害要因と促進要因

　イノベーションの阻害要因として『平成 29 年版労働経済白書』では、約 7 割の企業が「能力ある従業員の不足」をあげていることを示している。

　だが、「能力のある人材の確保」を企業が目標に掲げても、実現できるとは限らない。イノベーションを喚起する仕組みが必要だ。では、いかにしてイノベーションを起こせばよいのだろうか。

　方法は 4 種類考えられる。まずベンチャービジネスを増やすことである。第 2 に研究開発（R&D）への投資と推進を活発化することだ。第 3 に女性の活用、第 4 に多様な人材の活用が挙げられる。

(1) ベンチャービジネス

　イノベーションの担い手として期待されるのがベンチャービジネスである。しかし、我が国では諸外国に比して、起業人材やベンチャー企業が育っていない。日本は開業率も廃業率も低く、米国のような起業の土壌ができていない。

　実際、筆者が大学教員をしていて、起業を計画している大学生に出会うことは稀である。起業のマインドを高め、ベンチャー精神を発揚する企業文化が醸成することが必要だ。

　精神論だけではなく、具体的な支援策が必要である。創業のノウハウの支援、金融支援、エンジェル税制（ベンチャー投資を行った個人に対する所得減税）などが必要だ。

　ベンチャーキャピタルの整備が必要だ。日本の中小企業金融は長く間接金融（銀行）が中心だったが、銀行の貸出において決算書や不動産担保、保証人などに過度に頼らず事業性を評価した融資を積極的に行ってゆく必要がある。

(2) 研究開発

　企業・政府・研究機関が行う基礎研究、応用開発、製品開発など広

範囲の研究開発が含まれる。製造業では次期の主力商品を生み出す重要な事業であろう。

　橘木・安田（2006）は、一人あたり研究開発費が企業の成長率と生存率に正の影響を与えることを示している。

(3)女性の活躍

　企業経営における「ダイバーシティ経営」は企業価値の向上に以下のような効果が3点ある。経済産業省による『平成30年度なでしこ銘柄』に基づき以下に記す。

①人材獲得力の強化

　ダイバーシティ経営は人材獲得力の強化に寄与すると考えられる。

②リスク管理能力の向上、取締役会の監督機能の向上

　均質的な組織では、構成員に対する無言の圧力から、集団にとって不合理な意思決定が容認され得る「グループシンキング（集団浅慮）」に苛まれやすいと指摘されており、人材の多様性を確保することが求められている。

　グローバル投資家の間では、取締役会で「健全な議論」と「独立性」を確保できるかといった、取締役会の「文化」を見極める指標として、取締役会の多様性に注目が集まるとともに、女性取締役や監査役が在籍することによって、業務執行に対する監督（モニタリング）が、より多様な視点から行われることが期待されている。

③イノベーション創出の促進

　イノベーションの源泉は、知と知の組み合わせであり、組織内の議論や衝突を通じた「創造的な摩擦」が革新的な考えを実現すると指摘されている。そのため、組織において価値観・経験・能力等の多様性を実現することが有効である。

　イノベーション創出のためには、リーダー層を含む多様な人材ポートフォリオを構築するとともに、個人が価値観や能力を遺憾なく発揮するための心理的な安全性や寛容性を備えた環境を整備することも重要である。

（4）多様な人材

　均質的・同質的な集団よりも多様性のある集団のほうがイノベーションを起こしやすい。人材の多様性という場合、筆者は4つの観点からの多様性に分類できると考えている。

　まず、人口統計学的な多様性だ。具体的には性別、年齢、国籍、人種などだ。もっともわかりやすい多様性である。人の外見だけである程度判断できる要素であろう。企業の現実的なテーマとしては女性、高齢者、外国人の雇用などになろう。

　第2は業務遂行能力に関する多様性だ。具体的には学歴、職歴などである。第3に生き方・価値観がある。第4にマイノリティの存在がある。

　具体的には障がい者である。あるいは何らかの事情で社会的に排除された人々だ。人は誰でも社会の中で働く喜びを得る権利がある。しかし効率性や生産性の観点から、企業社会へ参加することが必ずしも容易にできない人たちがいる。また、企業で働こうとする意欲さえもなくしてしまった人たちもいる。このように多様な人材を企業は受け入れてゆくべきであろう。

第27章　エコシステムとティール組織

1．はじめに

　我々が住む世界は大別すれば、人間が作り上げた人工の社会と自然の二つに分かれる。「人間」は「自然」の中に含まれるという見解もあるが、人間は自然に含まれるか否かという哲学的な議論に関しては本稿の範囲を超えているので割愛する。

　我々、人類が造った社会を経済中心の視点でとらえるならば、経済社会ということになる。経済社会は、経済成長、人権意識や価値観など人々の考え方によって影響される。現時点では、経済社会の中心は企業、特に大企業であるが、今後はインディペンデントワーカーが組織内外を問わず活躍することが予想される。経済社会の変化とともに、企業の組織や経営戦略にも影響を与えるであろう。同時に経営の意思決定の方式も変わるであろう。企業という概念、働くことの意味さえも変化することが予想される。

　新しい令和新時代は Society5.0 の社会でもある。現代は VUCA の時代だと言われる。

　まるで現代は霧の中にいるかのようだが、この時代の日本には明確なことが二つある。筆者は「二つのジンコウ問題」と呼んでいる。「二つのジンコウ」とは「人口減少」と「人工知能」である。

　まず、日本は人口減少社会であるということである。人口は減少するが、人生 100 年時代と言われるように高齢者の数は増加する。

　もう一つは第 4 次産業革命が起き、Society5.0 の時代になり人工

知能とロボットが躍進し新たな雇用を創出する反面、人間の雇用を奪取する問題があるということである。我々は新たな経営手法を模索する必要がある。

　本章では、経済社会、経営組織、経営戦略の 3 つが令和新時代、Society5.0 の社会にどのように変化して相互にどのような影響を与えてゆくのか考察し、その可能性について地域金融機関の戦略を例にして探求したい。

　本章の構成は以下の通りである。第 2 節では現代の経済社会について考察し、第 3 節では進化型のティール組織が現代日本でどのように浸透してゆくかを検討する。第 4 節では、現代の経営戦略の変化としてオセロ理論とビジネス・エコシステムについて言及する。第 5 節では新たな意思決定の OODA ループと第七感マネジメントの可能性について述べる。第 6 節は結語である。

２．経済社会の変化

　現代の経済社会の変化としてシェアリングエコノミー、ギグエコノミー、クリエイティブエコノミーの３つが特徴的だと筆者は考えている。

　経済社会は「所有」する時代から、「共有」もしくは「利用」する時代、すなわちシェアリングエコノミーに変化してきている。しかし、「所有」する経済が完全に消失することはないであろう。多様な価値観は経済社会においても多様なビジネスを生み出したということである。選択肢が多い社会は潤す人の裾野も拡大する。

　大きな資本を持たない我々庶民でもシェアリングエコノミーに参入することは可能である。シェアリングエコノミーのおかげでピケティの不等式 r>g は縮小され、格差は解消とまではゆかないにしても改善されてゆくであろう。

　シェアリングエコノミーの供給者はプラットフォーム企業に属する従業員ではなくインディペンデントワーカーである。たとえば宿泊サービスでは、宿を提供する供給側をホストと呼び、宿泊を希望す

る側はゲストと呼ぶ。ホストは Airbnb などの従業員ではない。

　そのためシェアリングエコノミーは、格差改善どころか、非正規労働者をより過酷な長時間労働に追い込み、しかも価格競争により低所得になるというネガティブな見解もある。

　しかし、近未来とは楽観的に期待して予想するものでもなければ、悲観的な予測をするものでもなく、我々自身がハッピーになれるように築き上げてゆくものだと考えたい。

　労働はフルワークから単発のワークへと移行してゆくであろう。単発の仕事を中心とした経済社会をギグエコノミーと称する。むろん正規雇用で定年まで働くという雇用形態が完全に消失することはないであろう。

　昨今、インディペンデントワーカーという組織に所属しない生き方やギグエコノミーという「ちょっとした仕事」も副業・兼業として注目されている。組織に所属し、毎朝満員電車に揺られて定刻に決まった場所へ出勤するというスタイルはまだこの数十年間の歴史しかないのである。

　シェアリングエコノミーの「所有」から「利用」もしくは「共有」への流れは大きな変化といえるが、ギグエコノミーの「フル」から「単発」への移行は、新しい流れともいえる、元の状況に戻ったともいえる。

　クリエイティブエコノミーという語は Howkins(2001)で用いられたのが最初とされる。John Howkins は英国の作家で、創造性と経済学の関係について述べた。UNCTAD は「クリエイティブ経済」は、「経済的な成長と発展をもたらす見込みがあるクリエイティブ資産にもとづく、現在進行形の概念である」として、「クリエイティブ経済の中心にあるのは、クリエイティブ産業である」と述べている。

　クリエイティブ産業は UNCTAD によれば次のように説明されている。UNCTAD の *Creative Economy Report 2010* の p.8-9 および『クリエイティブ経済』の p.12-14 から部分的に引用する。

　クリエイティブ産業は、(1)文化遺産(Heritage)、(2)芸術(Arts)、(3)

メディア(Media)、(4)機能的創作物(Functional Creations)の4つに分類され、さらに9つのサブグループに分類される。

　Society5.0 のデジタルの時代だからこそ、人間にしかできないクリエイティブなものを我々は期待し求めるであろう。ロボットや人工知能で代替できないクリエイティブな産業は衰退することなく必ず残るであろう。

　Howkins(2001)では、クリエイティブエコノミーの2000年の世界規模は2.2兆ドルで、年5%で成長していたとしている。またOECD諸国において、クリエイティブ経済がサービス産業全体の2倍、製造業の4倍で成長していることを示している。

　ユネスコは 2013 年の報告書でクリエイティブエコノミーの分野は世界で約3000万人の雇用を創出し、年間2兆2500億ドルの収益を生み出していることを示している。この数値は世界のGDPの3%を占めることになる。

　『クリエイティブ経済』によれば2008年のリーマンショックでは世界経済が 12%も縮小したにもかかわらず、クリエイティブ財とクリエイティブサービスの輸出は成長を続け、2008年には5920億ドルに達した。この数値は2002年の2倍以上で、この6年間に年率14%という高成長を続けたことになる。

　クリエイティブエコノミーは文化も富も生み出す。クリエイティブな人々が集まり、創造都市を築くことであろう。たとえば映画産業では、ハリウッド、ムンバイ、ラゴス。舞台芸術の都はロンドンとニューヨークというように。

　クリエイティブエコノミーは世界経済の発展にとって大きなポテンシャルを有していると言える。さらにクリエイティブエコノミーは貧困をなくすことや、女性のエンパワーメント、また何らかの事情で社会的に排除されたり孤立したりしている人を社会の構成員として受け入れるソーシャルインクルージョンを促進する手段としても有効と考えられる。多様な人々を受け入れることをインクルージョン（包摂）という。

ICT (Information and Communication Technology)は情報伝達技術と訳され、IT（Information Technology）は情報技術と訳される。両者に明確な違いがあるわけではないが、インターネットおよびコンピュータ関連技術の活用を意識するときに ICT という言葉を使う傾向があるようだ。

現代は、ICT によって多様な人材が労働市場に参入できる時代である。働き方も多様化している。ICT を利用して時間や場所を有効に活用できる柔軟な働き方をテレワークといい、こういう働き方をする人をテレワーカーという。雇用型のテレワークは企業に雇用されている従業員、自営型のテレワークは個人事業主である。筆者はインディペンデントワーカーと称している。

クリエイティブエコノミーはテレワークに向く仕事である。雇用型は勤務先から仕事を依頼されるわけであるが、インディペンデントワーカーが業務を受託する方法としてクラウドソーシングを活用するのも一つの手段であろう。クラウドは群衆（crowd）を意味し、ソーシング（sourcing）は業務委託の意味である。発注者は主に企業で、プラットフォームとなるマッチングサイトにアウトソーシングしたい業務を公募する。

ICT 環境が確保されていれば、自宅でもコワーキングスペースでも利用でき、場所や時間の制約がなく、自分のライフスタイルにあわせて、自分の創造性を発揮できるビジネスといえる。

さて、このように経済社会が変化してきた。では、経済社会の（現代では）中心といえる企業の組織にはどのような変化が起きているのであろうか。あえて括弧書きで（現代では）としたのは、経済社会の中心がいつまでも企業とは限らないと筆者は考えているからである。

今後、大企業はより大きくなり巨大化するであろう。しかし、その一方で多くのインディペンデントワーカーが増え、大きな経済的影響をもつことが想定される。インディペンデントワーカー、あるいはインディペンデントワーカー的な働き方が増えれば企業組織も必然

的に変わらざるを得ない。

　経済社会、経営組織、経営戦略はそれぞれが相互に影響しあいながら変化してゆくことが予想される。

3．進化型ティール組織

3．1　経営組織はなぜ変化するのか
　企業で働く人々には、かつて大変にミゼラブルな時代があった。今から 65 年前の企業にはこんな大争議があった。昭和 29 年（1954）6 月 4 日のことである。繊維産業の O 社では組合結成と同時に「結婚の自由を認めよ」「宗教（仏教）を強制するな」「信書を開封するな」等の要求を掲げて無期限ストに突入した。

　女子は結婚すると退社させられたり、男子も結婚すると転勤させられたりするため、結婚するとやめるか別居するしかなく、本社 200 人中、家族と同居しているものは専務一人ぐらいで、自宅通勤者もほとんどなく、寮生活を強制される、など「格子なき牢獄」を組合は訴えた（『昭和史全記録』p.545）。

　この事件では組合委員長が社長に対して抗議自殺をするという悲劇も起きました。社長以下各工場長など 32 人を一斉に書類送検、労働法違反は刑事事件として検察庁の取り調べになった（『昭和史全記録』p.546）。

　このようなことは今日の我々からすれば、労働者を人間として扱わない随分時代遅れの野蛮な組織に思われる。しかし、同じことが未来の子孫が我々の現代の働き方を見た場合にも起きるかもしれない。

　組織が変化（あるいは進化と言ったほうがよいかもしれないが）してゆく背景の第一には人権意識の高まりがある。労働法はもちろんこと、様々な法律で働くものの権利が確保されてきた。

　1980 年代後半のバブル時代、企業は多くの設備と人員を抱えた。バブル崩壊後は過剰資産となった。その反省のもとに、非正規雇用が増加した。非正規社員を雇用する企業側のメリットとして雇用調整

がしやすいこと、人件費を低く抑えることができるということがあった。しかし、現在では同一労働同一賃金に向けた動きが見られる。

　第二にダイバーシティ（多様性）ということを企業も社会も認識するようになったことである。ダイバーシティマネジメントが企業には期待されるようになってきている。

　第三に二つのジンコウ問題を抱えた社会の存在がある。つまり人口減少社会と人工知能社会である。

　このような背景の中で登場したのが、進化型の組織がティール組織である。

３．２　ティール組織とは何か

　フレデリック・ラルー（Frederic Laloux）著、鈴木立哉訳『ティール組織』および英語版 *Reinventing Organizations: A Guide to Creating Organizations Inspired by the Next Stage of Human Consciousness* にもとづき、現在、もっとも進化した組織とされるティール組織（Evolutionary-Teal Organization）を紹介する。

　原題には、日本語タイトルにある teal という英語は登場しない。この teal は小カモの意味であるが、teal blue は濃い緑がかった青色をさす。生物進化の源になった海の色とも言えるであろう。

　ラルーは組織を原始的なものから順に高度な組織を紹介している。興味深いのはそれぞれの組織に色をあてていることである。ただし、色による進化表示はラルーがはじめてではなく、ケン・ウイルバーがオリジナルであろう。

　同書のもとになった考えには、ケン・ウイルバーの「インテグラル理論」がある。また根底にはマズローの欲求五段階説がある。

　心理学者の A. Maslow は人間の欲求はまず基本的な欲求によって動機づけられるが、低位の欲求が満たされるとより高次の欲求によって動機づけられ、欲求は 5 段階の階層をなしていると考えた。もっとも下位の欲求は、食糧、睡眠など生理的欲求である。次に住居、衣服、貯蓄など安全性・安定性の欲求となる。生理的欲求や安全性の

欲求は基本的欲求である。3段階目の欲求は友情・協同・人間関係などの社会的欲求である。4段階目の欲求は、他人から尊敬されたいなどの自我欲求がある。企業内では昇進などが該当するであろう。最終段階は自己実現の欲求である。

　ラルーのいう発展段階と組織モデルについて次に示す。カッコの中は、その段階の色彩を示している。

　低いほうから順に、①受動的パラダイム(Infrared)、②神秘的パラダイム(Magenta)、③衝動型パラダイム、④衝動型組織(Red)、⑤順応型パラダイム(Amber)、⑥順応型組織(Amber)、⑦達成型パラダイム(Orange)、⑧達成型組織(Orange)、⑨多元型パラダイム(Green)、⑩多元型組織(Green)、⑪進化型パラダイム(Teal)、⑫進化型組織(Teal)、である。

　現代の組織として現実に日本で多く稼働しているのは、おそらく達成型組織や多元型組織であろうから、①から⑥を割愛して、⑦以降について言及する。

⑦達成型パラダイム(Orange)

　意思決定の基準が倫理から有効性に変わった。人生の目標は社会に受け入れられる方法で成功することと考えられるようになった。啓蒙主義と産業革命の時代になると達成型の思考は教養人の間に広がり、第二次世界大戦後、西洋では達成型パラダイムにシフトする人が急上昇した。

　達成型パラダイムの適切なリーダーシップは組織を「機械」にみたて、経営を工学的な見地から眺めようとするものである。

⑧達成型組織(Orange)

　達成型組織の特徴は3つある。まず、イノベーションを促進する仕組みを持っていることである。第二に、説明責任が重要視されるということ。達成型パラダイムの世界観では、人々は具体的な成功を目指して働く。したがって目標管理が必要となり、そこには説明責任が要求される。第三の特徴は実力主義である。これは社会的な公平性を増し、従業員各々の能力を発揮させるであろう。

メタファとしては「機械」があげられる。達成型組織は躍動的でエネルギー、創造性、イノベーションの余地があるが、人間味がないとも言える。また、達成型組織の負の側面として過度のイノベーションを行い、計画的陳腐化により需要を生み出すストラテジーなどがある。

　また目標に向かって走り続けても全員がトップにはなれるわけではなく、中高年になり左遷人事などを経験すると、空虚感にとらわれ、人生の意味を再考する人も出現する。

⑨多元型パラダイム(Green)

　多元型パラダイムは、達成型パラダイムの負の側面を意識し、あらゆる考え方は等しく尊重されるべきと考え、仕事の成果よりも人間関係のほうが、価値が高いとする。この考えは、現代社会では、非営利組織、社会事業家、地域社会活動家の中に見られる。

　多元型パラダイムの寛容性を悪用して、誰かがとんでもないアイディアを提案した場合、「あらゆる考え方を等しく尊重する」という考え方にもとづくと否定できないことになり、矛盾が起きることになる。

⑩多元型組織(Green)

　多元型組織の特徴は 3 つある。まず、多元型組織のリーダーは、部下の声に耳を傾け、権限を委譲し、動機づけ、育てるサーバントリーダーになる必要があるということである。

　第二に、多元型組織で重要なものは企業文化だということである。文化が共有されていないと権限委譲を前提とした組織をまとめてゆくのは難しい。多元型組織の CEO の大切な仕事は文化と shared values を育て守ることである。

　第三に、多数のステイクホルダーの視点を生かすことである。多元的組織では CSR は mission と考える(ちなみに達成型組織では CSR を obligation とみなす)。

　多元型組織のメタファーは「家族」である。従業員は同じ家族の一員で、お互いのために存在していると考える。

⑪進化型パラダイム(Teal)

　マズローの欲求 5 段階説の最上階は自己実現の欲求である。ティール組織は自己実現の欲求に対応した組織である。「人生は、自分の本当の姿を明らかにする旅」であるとしている。

　ラルーの『ティール組織』p.76 から引用する。

「これ以前の段階では、愛や名声や成功を追い求めていくと、ゆっくりと、しかし確実に、筆者たちが他人の顔をまとうようになってしまう。進化型パラダイムでは、内面の正しさを求める旅を続けると、自分が何者で、人生の目的は何か、という内省に駆り立てられる。人生の究極の目的は成功したり愛されたりすることではなく、自分自身の本当の姿を表現し、本当に自分らしい自分になるまで生き、生まれながら持っている才能や使命感を尊重し、人類やこの世界の役に立つことなのだ。進化型パラダイムでは、人生とは自分たちの本当の姿を明らかにしていく個人的、集団的な行程と見られている」

⑫進化型組織(Teal)

　進化型組織のメタファは「生命体」としての組織である。自然は、自己組織化に向かうあらゆる細胞とあらゆる有機体の欲求に突き動かされて常にどこかで変化しているのである。

　進化型組織の 3 つのブレイクスルーは以下の 3 点である。

ⅰ 自主管理（Self-management）

　大組織にあっても、階層やコンセンサスに頼ることなく、仲間との関係性で動くシステム。

ⅱ 全体性（Wholeness）

　私たちの精神的な全体性があらためて呼び起こされ、自分をさらけ出して職場に来ようという気にさせるような、一貫した慣行を実践している。

表3　オレンジ組織とティール組織

	オレンジ組織	ティール組織
目的	組織の存続	自ら存在目的をもつ
戦略	組織トップが決定	集団的知性から自然発生的
意思決定	競争の中での生き残り	競合他社とともに存在目的を追求
利益	目標	自然についてくる

出所：ラルー（2018）から抜粋

iii 存在目的（Evolutionary purpose）

　進化型組織はそれ自身の生命と方向感を持っていると見られている。組織のメンバーは、将来を予言し、統制しようとするのではなく、　組織が将来どうなりたいのか、どのような目的を達成したいのかに耳を傾け、理解する場に招かれる。

　これら3つのポイントがティール組織では重要になる。自主管理ではなく、営業ノルマをかけられ、毎月の営業成績を競い合い、上司から叱責されて動くような組織はオレンジ組織であろう。しかし現実的な企業組織としてオレンジ組織は、現代の日本企業に多いと思われる。
　表3はオレンジ組織とティール組織の主な違いを示したものである。

3.3 ティール風の組織

　ティール組織でいう3つのブレイクスルーが実際に企業の中でどのように運用されてゆくのかが、ティール組織を運営するにあたって重要な点であろう。Self-managementができる精鋭ぞろいの企業にしか成り立たないように思えるが、これから日本にも広まり裾野

が広がるにつれてティール組織の様々なバリエーションが登場してくるであろう。

実際にビジネスではどのように導入されているかは吉原（2019）が参考になる。ティール組織の考え方の適用は企業だけではない。

簇（2018）p.210 では、「今後のイノベーション経営を模索する中で、ティール組織の概念は今後の事務部門の範疇にとどまらず、病院組織全体のあり方に対しても、大きな示唆を与えるものと思料される」と述べ、ティール組織を病院経営において適用することに言及している。

五十嵐（2019）では、ティール組織による学校の ESBZ を 2019 年 3 月に著者が訪問した際の記録を載せている。

ラルー著『ティール組織』は決して、近未来の会社について理想の姿を描いた SF ビジネス小説ではなく、実在する企業の組織について述べたものである。pp.93-98 で調査対象組織名として AES 等 12 社の名前が明示されている。理想の組織というものについて論じた所謂「机上の空論」ではない。

権力による支配ではなく、構成員自らが律する自然な組織はすばらしく思えるが、実際にどのように組織運営するのか興味がもたれる。

2017 年に第 3 回ホワイト企業大賞を受賞した東京都港区青山にあるダイヤモンドメディア株式会社（代表取締役：岡村雅信氏）はホラクラシー経営を行う企業として有名である。その HP には、会社員であれば誰もが羨ましく思うような言葉が記されている。HP から引用しよう。「働く時間、場所、休みは自分で決める」「肩書は自由」「起業・副業を推進」「オフィスのコワーキング化」「社長役員は選挙で決める」「経費は自由裁量」などである。

ダイヤモンドメディア株式会社は 2007 年に設立、資本金 2000 万円で従業員 30 名の企業である。若く、規模の小さな企業にしかティール組織は対応できないかのように錯覚するが、『ティール組織』の調査対象として示された企業の中には、従業員 4 万人の AES、従業

員1万人のBSOオリジンなど大企業も含まれている。

　従業員の意見が対立したときの意思決定の仕方、給与の決め方、解雇したい従業員がいた場合の対処方法など具体的な運用に関しては様々な工夫が必要になるであろう。

　サイボウズ式2019年5月8日の「ティール組織＝全員が幸せになれる組織とは限らない」という記事は興味深いものである。これは、2019年3月30日、サイボウズ社の株主総会とあわせて開催されたチームワーク経営シンポジウムの様子を記述したものである。テーマは「新しいカイシャとティール組織について語ろう」である。

　ここで、伊那食品工業・最高顧問の塚越寛氏は自社をグリーン組織と述べている。またFC今治オーナーの岡田武史氏は、自分の組織はレッド組織だとし、「3カ月後のお給料が払えるかどうかも不安だし、死に物狂いでやっている状態なんですよ。その上、経営者の筆者ほど経営に危機感がある人がほかにいないから、結局筆者がワンマンでやってしまう」と述べている。

　企業が成長ステージのどの段階にあるか、また危機的な状況であるかによって、どの組織がよいのか変わってくるのであろう。また岡田氏が「主体性や自由はいい言葉に聞こえるけれど、自分で何か考えてつくりなさいと言われるのがプレッシャーになる人もいる」と述べているように、ティール組織で幸福になれるかどうかは個人差がある。

　企業の置かれた状況や従業員の資質・人生観によって適する組織はいろいろのようである。進化型組織だからといってティール組織の表面だけを真似をしても効果がない。筆者はこういうとき、「西施捧心（せいしほうしん）」という言葉を思い出す。中国古代四大美女の一人である西施は胸の病があり、胸に手をあて眉をひそめて歩いた。西施のその姿があまりにも美しかったため、当時の女性たちは皆、胸に手をあて眉をひそめれば美人に見えると勘違いして、西施の仕草を真似したという逸話である。

　ティール組織の断片だけを真似しても組織はうまく機能せず企業

の成績もあがらない。『ティール組織』pp.242-244 では「人間性を仕事に呼び込む」という題でサウンズ・トゥルー社の例があげられている。同社には従業員 90 名と犬 20 匹がいて、会議中に犬が人の足元で寝ているのは珍しい光景ではないとのことである。

　会社にペット同伴することだけを真似してもティール組織の神髄がわかるわけではない。しかし、新しい世代に進化型組織の 3 つのブレイクスルー（自主経営、全体性、存在目的）は断片的に受け入れられビジネス社会で拡散してゆくであろう。また大学の経営学の講義でもティール組織について語られることにより、大学生は進化型組織の存在を知り、就活で、志望企業に対して何色の組織なのか質問をするようになることが予想される。

　こうして、少しずつではあるが、日本の企業風土にティール組織の考え方が広まり、様々な自社にあったティール組織のバリエーションができることであろう。こういったラルーが提唱するような完璧なティール組織とは言えないものの、ティール組織の考え方を取り入れた組織を筆者は「ティール風の組織」と呼んでいる。

　ティール風の組織には組織の文化が大きく影響するであろうが、現実的な財務面や株主構成からも補完的な経営システムが要求されるであろう。

　近藤（2018）が述べる、株式の殆どを全従業員で所有するコーオウンド・ビジネスのようなスタイルがティール風の組織には必要になるかもしれない。

　『ティール組織』では、5 種類の組織をあげているが、現実的なビジネスの組織としては、衝動型組織を除いた順応型組織、達成型組織、多元型組織、進化型組織の 4 種類であろう。

　確かに、進化型組織（ティール組織）は理想の組織かもしれないが、うまく運営してゆくにはそれなりの工夫と努力が、また組織のメンバーも粒よりの人材で構成されていることが必要になるであろう。

　ドイツの社会学者テンニース(1855-1936)は、人間社会をゲマインシャフトとゲゼルシャフトに 2 分した。

ゲマインシャフトは「共同社会」とも訳し、成員が互いに感情的に融合し、全人格を持って結合する社会で、血縁に基づく家族、地域に基づく村落、友愛に基づく都市などをさす。

　これに対して、ゲゼルシャフトは「利益社会」とも訳され、成員が各自の利益的関心に基づいてその人格の一部分を持って結合する社会。成員間の関係は表面的には親密に見えても、本質的には疎遠とされる。大都市・国家・企業などが該当する。

　社会はゲマインシャフトからゲゼルシャフトへ移行するとテンニースは考えた。ティール組織の 3 つの breakthroughs の一つは全体性（wholeness）である。これはゲマインシャフトのいう「成員が互いに感情的に融合し、全人格を持って結合する社会」と親和性があるといえよう。

　テンニースの二元論に従うならば、人間社会はゲマインシャフトからゲゼルシャフトへ移行し、利益を安定的に稼ぐことのできる余裕のある企業は、さらにゲゼルシャフトから、もう一度ゲマインシャフトの要素を加えて、ゲマインシャフト的な社会に進化してゆくということになろうか。

　歴史をもとに戻すことはできるのであろうか。ティール組織の 3 つの breakthroughs の一つである全体性（wholeness）を我々は企業組織という人間社会の中でもつことができるのであろうか。

　ティール組織はペットの犬を会社に連れてくることが認められる組織だが、犬の好きな人ばかりではない。苦手な人もいる。また犬がよいのであれば猫はどうか、S 字型生命体はどうか、などペット同伴通勤には具体的な運用に様々な課題がある（S 字型生命体とあえて婉曲的な表現をしたのは、その生き物の名前の漢字一文字を見るだけでも聞くだけでも嫌という人もいるくらい苦手な方もいるからだ）。

　まだペットの場合は好き嫌いを表現できなくもないが、人間の子供を会社に同伴する場合、正直に好き嫌いは表現できないであろう。

　それに、子供が欲しくても授からない女性（あるいは、その前段階

にある結婚の機会がない女性）から見れば、子供という存在は、目も眩むほど眩しく光り輝く握りこぶしほどもある大きなダイヤモンドに見えるかもしれない。

そういう女性から見れば子供同伴出勤は巨大なダイヤのイヤリングを耳につけて出勤するようなものなのである。当然ながら、仕事にダイヤのイヤリングが必要なのかということになる。

全体性（wholeness）というのは、「誰も自分らしくある安心・安全な場所」とされるが、ある意味、「矛」と「盾」のようなものに筆者には思われる。職場に自分の全人格、あるがままなものを持ちこめば、その従業員はやりがいを感じ、充実感を持ち、仕事の生産性も上がるかもしれない。

しかし、ペットであろうが、人間の子供であろうが、苦手な職員は、我慢して気にしていないふりをすることになり、その従業員にとっては職場では自分本来のあり方を否定しながら働いている場所ということになる。そういう社員は結局、その組織から離れてゆくことになるのであろう。

ラルー（2018）p.92 に記載されている古い組織を形容する次のフレーズを引用しよう。

「職場に行くときには、狭い専門家としての自己をまとい、もう一つの自分の顔はドアの外に置いておけ——組織とは、そこで働く人々に常にそういうことを期待する場所だった」

古い物が悪く、新しい物が常によいとは限らないし、その逆もいえる。明治時代の日本に帝国大学ができたとき、大学生は経済的にも知的能力にも恵まれたエリートばかりであった。現在の大学は大衆教育であり、まったく明治時代の帝国大学とは存在意義が異なる。

ラルーのいう進化型組織（ティール組織）は明治時代の帝国大学のようなエリート集団で、self-management のできるすばらしい選りすぐりの社員を集めた高度な集団に思える。

実際に企業で導入するには、具体的にどのようにするのか疑問が出るのは自然なことに思える。そのためか日本全国で同書の自主的

な読書会や勉強会が開催されているようである。

　ティール組織の運用については、今後、様々な意見交換がなされ、様々な要素が取り入れられてゆくであろう。ティール組織は今後、日本の組織に大きな影響を与え、様々なバリエーションをもつティール風の組織が誕生すると考えられる。

　働く人達はエリートばかりではない。（筆者のような）普通の人が、まずは生活の糧を得るために働く。スタートアップ企業が起業の段階から粒よりの精鋭を揃えて始める組織ならばともかく、既存の企業がよりステージを高めるために進化型組織の手法を導入するならば、従来のやり方も尊重しながら、ティール風の組織に変化してゆくのであろう。

　ウイルバーの『インテグラル理論』によれば、発達モデルにおける第2層は人口割合で 1.1%、勢力の割合で 6%である。ティール組織はインテグラル理論がもとになっている。

　ラルーのいうティール組織がウイルバーのいう第 2 層に対応すると仮定すると、現時点では、まだ世界中の企業の数%しかティール組織の考え方を信奉していないことになる。

４．経営組織の変化と経営戦略の変化

　ラルー（2018）の pp.498-506 の中でラルーは「進化型社会の中の進化型組織」について述べているが、「人々が人生の目的を人生の中心に位置づけるほど、組織の通気性が高くなる」としている。人生100 年時代の今日、予想される傾向と整合的な現象が述べられている。

　進化型組織が進めば、社会も進化型になるわけである。むろん、その逆に社会が進化すれば、組織も進化型になるとも言える。人々の働き方が次元の高いものになればなるほど、一つの組織に従属することが重要ではなくなるであろう

　フルタイムの仕事からギグワークへという動きになってくる。副業や兼業があたりまえのような時代になれば、企業の間に垣根があ

ることにあまり意味がなくなってくるであろう。

　これは、経営戦略も変化することを意味する。

４．１　ビジネス・エコシステムの理論

　必ずしも同じ業界とは限らない多くの企業や研究機関・大学が参加してイノベーションを起こす方法がオープン・イノベーションといわれるものである。企業の枠を超えた新規事業開発や高度な専門スキルを有する社外の人材の起用などをさす。

　これに対して特定の参加者のみで研究開発を行うのがクローズド・イノベーションである。従来、我が国の家電・自動車・IT 産業等で行われてきた親企業と子会社の共同開発の手法であるが、クローズド・イノベーションでは企業活力を生み出すことができないとされている。

　バブル崩壊後の時代（1991 年以降）は「失われた 10 年」あるいは「失われた 20 年」と言われる。中には「失われた 30 年」になると言う学者もいる。バブル崩壊以降の低成長の要因は様々に指摘されるが、クローズド・イノベーションも要因の一つとされている。

　多様な事業主体が系列や業界の枠を超えて、場合によってはライバル関係にある事業主体も有機的に連携して、共存・共栄を図るオープン・イノベーションのシステムをビジネス・エコシステムと称する。あるいはエコシステム、ベンチャー・エコシステムとも言いる。エコシステムの本来の意味は生態系のことである。

　ビジネス・エコシステムには様々な定義や考え方があり、統一的な見解があるわけではない。官が用いるときには、地域経済を活性化する手法、つまりアベノミクスの言葉でいうならば地方創生の一手法として、産学官が連携して地域全体で経済圏を築いてゆくことをさしているように思われる。

　ビジネス・エコシステムは 1990 年代の IT 産業から始まったものである。しかし、現代では幅広く、その用語が用いられている。2018 年、トヨタはラスベガスで開催された Consumer Electronics Show

でプラットフォーム企業をめざすプレゼンを行った。プラットフォーム企業やビジネス・エコシステムの概念はIT企業のみならず広い産業で浸透してゆくであろう。

　森下（2014）は競争と協力の格子気体モデルを用いて企業間の動態分析を行い、市場が成長の限界に近いときと成長の限界から遠いときという条件のもとで、競争優位の拡大型企業と協力を大事にする持続型企業のストラテジーをシナリオ分析している。分析の結果、成長の限界に近いときは、協力関係の効果が大きいという結論を得ている。

　森下（2014）の研究は、サステイナブルな経済成長の時代におけるビジネス・エコシステムの有効性を示唆するものといえる。

　JOIC・NEDO（2018）ではエコシステムを「スタートアップの設立・育成を支援するための制度や環境など、スタートアップを取り巻く支援環境全般を指す」としている。

４．２　完成したビジネス・エコシステム

　イアンシティ・レビン著『キーストン戦略』（Iansiti&Levien(2004)）では、生物界のエコシステムにおける役割からアナロジーを引き出し、ビジネスネットワークにおける戦略に適用している。

　ビジネス・エコシステムを、中心的役割を果たす企業とその周辺企業（ニッチプレイヤー）というように二分している。さらに中心企業はキーストン、支配者、ハブの領主の3種類に分けている。

　生態学で「キーストン種」とは比較的少ない種でありながら、生態系へ大きな影響を与える種をさす。自然界のキーストン種の例として、しばしばラッコの例が用いられる。ラッコが減少すると、ラッコの餌であるウニが増加する。大量発生したウニは餌のジャイアントケルプを食い荒らす。ジャイアントケルプは大きな海中林を形成し、魚の棲家となっている。この林が崩壊すれば生態系に大きな影響が出る。

　井上他（2011）はキーストン戦略を日本のゲーム業界で調査した

研究である。生態系とビジネス・エコシステムの共通点は 3 点あるだろう。まず様々な種（企業）がいること。第二に直接的関係と間接的関係の双方があること。生態系では、直接的関係は食物連鎖にあたり、間接的関係はクマノミとイソギンチャクなどの共生関係にあたる。

　ビジネスでは、パソコンやスマホを例にするならば、直接的関係とは直接財にあたり、パソコンやスマホを製造するための原材料である。間接的関係とはネットワーク効果と考えられる。補完財を普及させる効果ともいえよう。補完財とは、パソコンのハードに対してソフト、スマホとアプリの関係になるであろう。

　第三に、生態系には、その存続にとって非常に重要なキーストン種がいる。ビジネスでのキーストン企業がプラットフォーム企業である。

　洪華・董軍（ホンアン・ドンジュアン）（2019）では、スマホメーカーから出発して、10 年を待たずして中国の IoT 市場のけん引役となったシャオミの Mi Ecosystem を紹介している。

　洪華・董軍（2019）から、シャオミのエコシステム（Mi Ecosystem）の特徴と思われる箇所を引用し、列挙してみよう。
・投資＋インキュベート（孵化）という従来なかった新しい方法で IoT 構築を行う。
・投資はするが議決権は所有しない。
・パートナー会社へのアドバイス権は持つが、決定権は持たない。
・パートナーを手伝うが邪魔はしない、コントロールはしない。
・パートナー各自の発展に伴い、将来的には異なる流れに乗るかもしれないが、我々は詳細まで強要する必要はなく、その発展の中で、違いは違いとして残して共通点を探ろうと考える。
・パートナー企業の最終的な成功とは、自力で生存する能力を備え、自身で大きく強くなり、シャオミのプラットフォームに依存しないようになることだ。
・シャオミのプラットフォームに依存しすぎると健全な企業とはい

えなくなる。

・伝統的企業は、松のように100年を費やして成長する。インターネット時代の企業は筍（たけのこ）のように、春雨の一夜が明けると誕生する。竹林の生態系は松に勝る。

　このようなシャオミのエコシステムは竹林理論と称され、以下の3点が特長とされる。

①高スピード：雨後の筍は、急速に竹へと成長する。

②地下茎の発達：複雑に絡まる地下茎は養分を吸収し、かつ筍の成長のためのエネルギーを与える。

③自身の新陳代謝：竹が竹林になったら、完全に自身で新陳代謝できるようになり、生々流転の竹林となるのだ。

　この竹林理論により連携効果、企業間の化学反応が明らかになる。それぞれのプロジェクトを手掛けるパートナー企業間が根茎では密接に結合し、竹林を形成し、その地下茎を通じてグループ全体のプロジェクトを広範に拡張する。

　シャオミはパートナー企業へ資金、価値観、方法論、製品基準をアウトプットする、シャオミ＋パートナー企業の形こそが Mi Ecosystem である。

　シャオミのビジネス・エコシステム（Mi Ecosystem）に見られるように松ではなく、竹林を形成することが Society5.0 の時代には必要であろう。松は伝統的長寿企業、竹林はビジネス・エコシステムの比喩である。

　松は1本ずつ生息し長い歳月をかけて成長する。松林というのも存在するが、しかし竹林は「雨後の筍」のごとく一夜で登場し、そして竹へと急成長してゆく。複雑に絡んだ竹林の地下茎は大地から養分を吸収し、かつ筍にエネルギーを供給する。竹が竹林を形成すれば自己で新陳代謝ができるようになる。

　ビジネス・エコシステムの中心となる企業はプラットフォーム企業とも称することができる。

　プラットフォームビジネスは従来型のビジネスがバリューチエー

ン構造であったのに対して、レイヤー型といえる。

バリューチェーンとは、原材料を製造加工に販売し、最終消費者の手に渡るまでのプロセスに様々なステージがあり、それぞれの付加価値が連鎖している構造をさす。最終消費者が接するのは最終的な完成品である。たとえば車の製造段階の途中を消費者が嗜好することはあり得ない。最終的な完成品である新車を車ディーラーから購入するのが通常の新車購入の形態であろう。

これに対して、レイヤー構造は消費者が各段階のレイヤーから選好することが可能である。スマホのアプリ、パソコンのソフトなどである。物理的な店舗のある旅行社で旅行の手配を頼むと、交通手段、宿泊先、現地での観光などがパッケージになったものは、バリューチェーン構造であり、ネット上のプラットフォームで消費者の選好に合わせた消費を選択可能なのがレイヤー構造である。

根来（2018）では、プラットフォームビジネスを媒介型と基盤型に２分している。前者では出品者と入札者をつなぐオークションサイトやホテルと利用者をつなぐ予約サイトが例として挙げられている。

後者の例としては、プラットフォームとしてパソコン OS、製品例としてウインドウズやマック OS をあげ、補完商品として、アプリケーションにはアクロバット、オープンオフィス、Quicken、ハードウエアにデル、ソニーバイオ、Mac、周辺機器にキーボード、マウス、ディスプレイなどをあげている。

このようにプラットフォームビジネスは補完製品（補完情報）を派生的に発生させ、ビジネスチャンスを生み出すのである。この企業グループを称してビジネス・エコシステムともいえる。

重松・マティス（2017）は、エコシステムを次のように定義している。「エコシステムとは、事業展開に必要な一連の構成要素において、限られた企業や団体がまとまった生態系を形成し、他の生態系に対する優位性の確立や、生態系外からの他企業の参入に対して圧倒的な障壁を築くことである」

さらに IoT 時代におけるエコシステム（IoT エコシステム）の構造を重松・マティス（2017）は示している。以下の説明は、重松・マティス（2017）による。IoT エコシステムの構成要素は「技術」と「ビジネス」と考えている。モノをインターネットにつなげ、それを価値創造へと昇華するために必要な一連の技術要素を構築するのが「技術エコシステム」であり、その技術を活用することで顧客価値へとつなげるための「ビジネス・エコシステム」が存在するとしている。

　技術エコシステムの定義については、「IoT を実現するうえで不可欠な技術の構成要素に沿って、各企業間の相互依存性をとらえるエコシステムである」と述べている。

　またビジネス・エコシステムの本質については、「自社が展開する事業領域内外に存在する、IoT を通じた新たな事業機会について、全体感を持って可視化することである」としている。

　このことにより、「大きな事業機会が存在する領域において、いかに他社に先行するかといった議論が可能になる。こうした事業領域の広がりを定義する上では、バリューチェーン、業界、地域という 3 つの軸に沿って、現在の自社の事業軸を中心とした広がりをとらえることが重要となる」としている。

　また、IoT エコシステムの 4 つの勝ち筋として以下の 4 種類をあげている。
①総合プラットフォームを形成して勝つプラットフォーム型 P
②技術ドミナントを形成して勝つテクノロジー型 T
③独創的サービスを形成して勝つサービス型 S
④究極的オペレーションを形成するオペレーション型 O
　この 4 種類は、SPOT マトリクスとして分類されている。

　廉薇（リエンウエイ）他（2019）はインターネット金融のオープンなエコシステムとしてアントファイナンシャルの例を示している。

　アントファイナンシャルの最終目標は enabler の一語につきるとされる。この語は「能力を与える者」というよりも「利他者」が適訳である。

アントファイナンシャルが追究すべき究極的価値とは、「他者のために価値を創造すること」である。この利他主義の最大公約数は、顧客へのサービス、事業の安定化、株主のための価値の創出が渾然一体となった地点にあり、そこからさらに各産業のエコシステムに奉仕して、最終的には社会全体をよりよくすることを目標としている。

　この「利他」を「他者のために価値を創造すること」と解釈するのは筆者には理解しやすい概念に思える。そもそも経済学はアダム・スミスが唱えた利己の利益を追求すれば、「見えざる手」が機能し、効率的な資源配分が可能になるという観点から始まった学問である。

　宗教的な用語の「利他」や精神論としての「利他」という言葉は、実際の経営にどのように適応するかには曖昧な部分が残されているように思われる。

　何もない荒野を想定してみよう。たとえば、戦争に敗れて焼野原と化した国だ。ここで経済を復興させるためには産業を興すことが必要だ。つまり有効需要を生み出すのである。「他者のために価値を創造すること」は、すなわち有効需要を生み出すことにつながる。

　新たな有効需要を生みだすこと、つまり他者のために価値を生み出すことこそが、起業家には求められる。また他者のために価値を生み出すことを連鎖的に行い、企業群に正のスパイラルの現象を発生させることこそがビジネス・エコシステムだと筆者は考える。

　ビジネス・エコシステムの定義は一概には言えない。この定義を述べようとすると筆者は高度経済成長時代のメインバンクシステムを連想する。メインバンクの定型化された事実はあるが、メインバンクやメインバンクシステムに統一的な明確な定義があるわけではない。また明示契約ではなく、暗黙契約である。

　ビジネス・エコシステムにも様々な企業が独自のスタイルでシステムを形成しており、統一的で明確な定義はしにくい。

　あえて、ビジネス・エコシステムの特徴をあげるならば次のようになろう。まず自然界に存在する生態系（エコシステム）とビジネス・エコシステムが似ている部分として以下の2点をあげよう。

①生態系には多くの種がいる。ビジネスでは多くの産業があることだ。

②生態系には食物連鎖と共生関係がある。食物連鎖はビジネスでは仕入れ・販売などの縦の関係と考えられる。共生関係は様々な提携など横の関係と考えられる。

　この2点をもとにさらに、人間界ならではのビジネス・エコシステムの特徴を考えてみよう。人間は知恵を働かせる生き物である。自然界に見られないビジネス・エコシステムの性質もあるだろう。

③同一企業内、同一産業内にとどまらず、産学官を巻きこみ、他産業、さらにライバル企業までも含めたイノベーションが行われる。

　競合関係にある個や種とも仲間関係になることは生物界では滅多に見られない光景に思われる。

　雌とテリトリーをめぐって競合関係にあるライオンの雄同士が手を組むことはあるのだろうか。2頭以上の雄が共同でリーダーになり、多くの雌をかかえ、巨大ハーレムを形成し、共同支配するような例はあるのだろうか。

　あるいはライオンとハイエナが共同して他の動物、たとえば象を獲物として狙うなどということはあるのだろうか。ライオンとハイエナという合同陸軍にさらに空軍のコンドル、海軍のワニも加えた連合軍が司令官の指揮のもとに象などの大型動物を狙うなどという話は寡聞にして知らない。ライバルを含めたチームづくりは人間界独自の行動ではないだろうか。

④複合領域にわたり、大きなシナジー効果を狙った戦略が企てられる。効果を計算した戦略的な行動は人間界独自と思われる。

⑤ビジネス・エコシステムには、明示契約と暗黙契約の双方が含まれる。資本や業務提携などは明示契約であろう。しかし中心となる企業の製品・サービスの補完財を作る企業との関係は必ずしも明示契約ではなく、暗黙契約も含まれるであろう。

　暗黙契約が含まれるのであれば、ビジネス・エコシステムは一枚岩というわけではなく流動的な存在といえる。場合によっては、チーム

編成が変化する可能性がある。

⑥ビジネス・エコシステムは新たな「価値」を創造する。これが「有効需要」を生み出すことに他ならない。有効需要は雇用を増加させ所得を増やすマクロの経済効果へと結びついてゆく。また「価値」の中にはクリエイティブエコノミーも含まれる。およそ、生物が芸術活動を行い、そこに価値を見出すとは到底思えない。

　上記は筆者が考えるビジネス・エコシステムの条件である。しかし、ビジネス・エコシステムは当初から完成していたわけではなく、そこにはビジネス・エコシステムが形成されてゆく萌芽の段階のメカニズムがあると思われる。

４．３　ビジネス・エコシステム萌芽の理論

　キーストン戦略や Mi Ecosystem はエコシステムが完成した例である。ではエコシステム萌芽の段階ではどのような考え方があるだろうか。

　ビジネス・エコシステムが形成される萌芽の段階から企業の役割（キーストン、ハブ、ニッチ等）が決められているとは限らない。ビジネス・エコシステムが形成される初期の段階の企業行動を考えてみよう。

　初期の段階の経路には２つに大別される。

　一つは、経営トップによる意思決定によるものだ。もう一つはボトムから自然発生的に生ずるものである。

　まず、経営トップの判断によるエコシステム萌芽のメカニズムを考えてみよう。

　エコシステム萌芽の段階には「飛び石戦略」が用いられると筆者は考えている。これはたとい現在の業務とはかけはなれた業界であったとしてもパートナーとして絆を結ぶことである（図２参照）。

　パートナー企業が自社にとって現在、補完財を供給する企業でなかったとしても、将来的に期待される場合に、経営トップが経営戦略としてパートナーとする戦略である。根来（2018）はプラットフォ

ームと補完製品、場合によってはユーザーも含めてエコシステムと呼んでいる。

　プラットフォームに補完プレイヤーが集まり、ユーザーが増え、エコシステムを拡大してゆくが、根来（2018）はエコシステムを発展させるのに重要なのは view（展望、世界観）であるとして、具体的には「将来に関する市場の見方および予測」「自社エコシステム構築に関する方針」「自社エコシステムの社会的貢献」などを提示することによって、エコシステムへの参加を促すことが大切だとし、まだ自社のエコシステムが十分形成されていないときから、補完プレイヤーをできるだけ数多く引きつける必要があるとしている。

　ソフトバンクグループは 2016 年 7 月 18 日、イギリスの ARM 社を 240 億ポンド（約 3.3 兆円）で買収すると発表した。ARM 社がこれからの IoT において重要な役割を果たし、これにソフトバンクのネットワーク事業を組み合わせることで、新たなイノベーションを引き起こす考えであることが買収理由である。

　ソフトバンクの株価は ARM 社買収直後、急落したが、これに対して孫社長は「（既存事業との）シナジー効果が見えないと株価は下がったが、囲碁で言えば飛び石。10 年先、50 年先を考えて打った」と説明した（日本経済新聞 2016 年 7 月 21 日）。

　このようにエコシステムが形成される前にトップの判断で企業買収や提携などが進められる場合である。異業種に対する飛び石戦略だけではなく、地理的な飛び石戦略もあろう。

　たとえば、これといった商業施設が周辺になく、また観光地でもない過疎の村に、新たに宿泊施設を兼ねたレストランを新設するなどのリスクの高い投資なども含まれるであろう。

　この場合には、宿泊施設兼レストランの建設が核となり、地域の稼ぐ力を引き出し、何もなかった過疎の村に人を呼び寄せ、雇用を生み出し、ビジネス・エコシステムを築くことが期待される。

　過疎地で新たな宿泊を兼ねたレストランを開業するのであれば、周辺の田畑にある新鮮な野菜や米はレストランにとって地産地消の

素晴らしい食材である。新たな施設のために交通インフラも必要になるであろう。ふるさと名物商品の開発も商工業者によって行われるであろう。

このようにして過疎地に新設する宿泊施設、レストランは農林漁業、交通事業者、商工業者、地域住民、行政、ＤＭＯなど様々な関係者と連携することにより、ビジネス・エコシステムを築き、戦略にもとづく一元的な情報発信やプロモーションを行い、地域一体の魅力的な観光地域づくりに貢献し、観光客の呼び込みに成功し、観光による地方創生へとつながるかもしれない。

このような現時点で直接的なつながりのない企業や場所と絆をもつための飛び石戦略を実行するためには、可視化できない絆を発見することができる経営者の勘のような能力や先見性が必要である。

過疎の村に宿泊施設やレストランを建設することや、現在の業務と現時点で結びつきのないビジネスに投資をすることには多くの反対が予想されるであろう。

社内の反対意見や社外の批判的な評価に対しても屈することのなく、プランを進めてゆく強力なリーダーシップが必要だ。さらにパートナー企業相互がお互いに魅力を感じあうことも必要である。

ビジネス・エコシステムの萌芽の段階は、他企業、他産業、辺境だけが経営者の視線の先にあるわけではない。身近な自社内にもある。カニバリゼーションである。

カニバリゼーションの例として、しばしば用いられるのが、同一出版社内での電子書籍と紙の本の競争や、小売業のマーケティングにおける二つのブランドでの競争である。

カニバリゼーションは両刃の剣の戦略である。自社の店舗同士で競争し、挙句の果てに店舗閉鎖に追い込まれ、減収減益になる危険もはらんでいる。しかし、カニバリゼーションが奏功し、二つのブランドがいずれもビジネス・エコシステムを築いてゆくことも期待される。このような経営トップからビジネス・エコシステムが形成されてゆくときの理論を筆者はオセロ理論と呼んでいる。

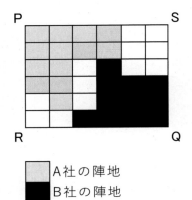

図1　通常のシェア争い

P　　　　　　　S

R　　　　　　　Q

A社の陣地
B社の陣地

出所：加納（2019c）

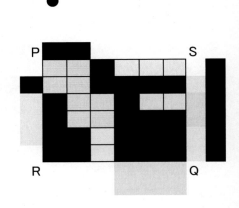

図2　オセロ理論と飛び石戦略

●

P　　　　　　　S

R　　　　　　　Q

○

A社の陣地
B社の陣地
○ A社の飛び石
● B社の飛び石

出所：加納（2019c）

　オセロ理論は「競争」から「共創」へ向けてのビジネス・エコシステムが誕生する萌芽の理論である。

　通常のシェア競争では、図1において、P点から陣地とりを開始したA社か、Q点からスタートしたB社か、いずれかが陣地（PSQR）を広く占有し、いずれかが負ける。

　オセロは白黒の駒を持つ2人で行う競技である。相手の駒を挟むと自分の色の駒になる。取り囲むと全て白になったり黒になったりする。ここでいうビジネス・エコシステム萌芽のオセロ理論とは両者

ともに勝つオセロということである。

　A社はすべてA社の白い駒で囲んだと感じ、実際A社の売上も収益もあがる。これに対して、B社もやはり全てB社の黒い駒で囲んだと思い、やはりB社の売上も収益も伸びる。どちらもウインウインとなる関係を築くことである。これをオセロ理論と呼んでいる。

　なぜ、両者ともハッピーになれるのか。それは通常のシェア争いでは決められた範囲内での陣地（PSQR）の取り合いになる（図1参照）。これはライバル企業と市場内で競争に明け暮れる状況といえよう。

　一方、ビジネス・エコシステム萌芽のオセロ理論では陣地の取り合いの競争ではなく、PSQRを超えた新市場や新製品を共創し、無限にビジネスチャンスを拡大してゆく（図2参照）。新たな市場を競争で取り合うのではなく、共創してゆくのである。

　2社だけでなく、3社以上の場合も同じである。すべての企業が、それぞれ自社の駒で市場を支配したという喜びを得て、なおかつ増収、増益になるシステムである。

　オセロ理論は、企業が競争から共創へ向かう初期の段階のモデルであり、その後は、プラットフォームビジネスでいわれるように、プラットフォームが形成され、補完製品を製造する企業が周辺を取り巻くことになろう。

　『キーストン戦略』に見られるような、それぞれの企業がキーストン、ハブ、ニッチなどの役割を持ち、ビジネス・エコシステムを形成し、ビジネス・エコシステム同士の競争となることが想定される。

　Mi Ecosystemのいう生々流転の竹林へと成長してゆくのであろう。

　ビジネス・エコシステムの萌芽のメカニズムのもう一つは、経営トップからの経営戦略によるものではなく、ボトム、つまり組織に変化が生じる場合である。組織の変化にはティール組織の考えを引用したい。組織の変化としてラルーの「進化型のティール組織」について考えてみよう。

ラルー（2018）の中でラルーは「進化型社会の中の進化型組織」について述べているが、「人々が人生の目的を人生の中心に位置づけるほど、組織の通気性が高くなる」としている。人生 100 年時代の今日、予想される傾向と整合的な現象が述べられている。

　進化型組織が進めば、社会も進化型になるわけである。むろん、その逆に社会が進化すれば、組織も進化型になるとも言える。人々の働き方が次元の高いものになればなるほど、一つの組織に従属することが重要ではなくなるであろう。フルタイムの仕事からギグワークへという動きになってくる。副業や兼業があたりまえのような時代になれば、企業の間に垣根があることにあまり意味がなくなってくるであろう。

　オセロ理論で「競争」ではなく「共創」するためには、本当に世の中の人々が幸福になる仕事を（ライバル企業も含めた）企業同士が業界の枠を越えて創り出してゆくことが必要になるであろう。

　実際のビジネスでうまくゆくかどうかは、小手先の駆け引きのようなものではなく、人類愛のような大きなフィロソフィーが背景に必要となるであろう。それがティール組織でいうところの高度な「組織の存在目的」であろう。

　ティール組織が浸透すれば、経営戦略も変化することを意味する。ティール組織の 3 つのブレイクスルーはセルフマネジメント、全体性、存在目的であった。

　ティール組織の場合、存在目的の達成に向けて努力することのほうが、組織のために働くことよりも重要なので、組織同士が境界をまたいで協力する新たな可能性が広がるとされる。

　鳥の群れのように一時的に集まり力をあわせ仕事をし、また解散することもあるというのだ。ティール組織のメタファは「生命体」である。であれば、ティール組織は、やはり生態系を模したとされるビジネス・エコシステムと親和的と考えられるであろう。

　しかし、ビジネス・エコシステムの企業の役割がティール組織の考え方と整合的かどうかは疑問である。

図3　職業の志向性による経済社会のマトリックス

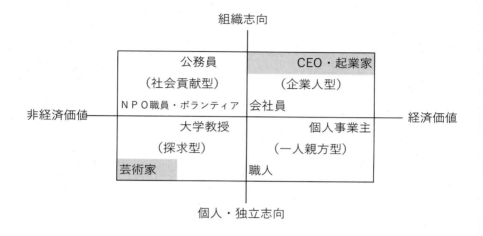

出所：加納（2019c）

　そもそも「ティール組織」とは「組織」という言葉が付与されては
いるものの、世界観、人生観を示す言葉に思われる。我々は共通の価
値観を持ち、共通の行動基準に従い動くことがある。
　今までは CEO を中心とした経営トップによる判断で企業の提携・
アライアンス・合併・統合等を戦略として行ってきた。それが生態系
をイメージするような特徴の場合にビジネス・エコシステムと称し
てきた。しかし、今後は組織の一員から、他の組織との連携が進む可
能性がある。その可能性を強く進めるのがティール組織という価値
観である。
　経済社会における職業を 2 分類する場合、二つの手法があろう。
一つは金銭的価値に重きを置くか否かという 2 分類である。前者の
代表的な職業には企業経営者があるだろう。後者は公務員や NPO 職
員があろう。
　今一つは、組織に属するか否かという 2 分類である。前者の代表

は会社員であり、後者は個人事業主や芸術家であろう。しかし、この分類は映画に出てくるような職業のステレオタイプのイメージによる分類である。利潤追求よりも社会貢献を優先していると主張するCEOもいるであろうし、芸術を追究するよりも実は金銭や権力に魅力を感じている芸術家もいるであろう（図3参照）。

人生100年時代の新しい時代の働き方である副業・兼業はアベノミクスが推進していることもあり、今後次第に浸透してゆくであろう。ライフステージに応じて人は様々な生き方をする。職業観・人生観も変化してゆく。

ティール組織の3つのブレイクスルー（セルフマネジメント、全体性、組織の存在目的）は、ステレオタイプの職業観の枠組みを取り払うことになるであろう。

例えば、フィンテックベンチャーの到来により大きな打撃を受けることが予想される地域金融機関の職員の職業観である。

本来、地域金融機関は地理的なエリアを対象として地域貢献のビジネスを行う産業である。伝統的な銀行業務をアンバンドリングしてフィンテックベンチャーが参入することができるようになった。すると地域金融機関は伝統的な銀行業務のみに拘束される必要があるのかという疑問がわいてくる。

地域金融機関が原点回帰をし、地域貢献を考えるのであれば、銀行以外の業務を行う「超銀行」という銀行形態が想定される。ただし、これには銀行法の改正が必要になる。

超銀行は地域のコミュニティ産業となるだろう。営業ノルマがあるような古典的な銀行は、ラルーのいうオレンジ組織かもしれない。オレンジ組織に嫌気を感じている地域金融機関の職員もいるはずだ。

また地方創生を考える者は地域金融機関職員だけではない。地元企業もNPOも地方創生をめざす者がいる。すると、存在目的を同じにする者は組織内外を問わず自然に集まってくることが予想される。そして自然発生的に、まだプラットフォームはどこで、補完財は何かなど具体的なことは何もない段階で、新たなビジネス・エコシステム

が誕生すると思われる。

　ティール組織は高邁な思想にもとづいている。我々が「高潔な目的」を持ってビジネスを行った場合、「競争」はなくなり、「共創」になると考えられる。

　しかし、この考えには疑問も生ずる。例えば、国家間の戦争を考えてみよう。誰もが平和を愛する。願いが叶い、将来、国と国の戦争はなくなる日が来るかもしれない。しかし、その時代には惑星間の戦争が起きているかもしれないのだ。

　つまり、企業間の競争は終わるかもしれないが、ビジネス・エコシステム間の競争が新たに始まるともいえる。

　ティール組織がいうところの「常に進化する目的」「高潔な目的」という理念を、利潤を追求する企業の集団の中でいつまで保持できるかは疑問である。筆者の今後の研究課題としたい。

５．OODA ループと第七感マネジメント

　VUCA の時代は変化のスピードが激しく、PDCA サイクルには限界があると思われる。VUCA の時代に意思決定が遅くてはビジネスチャンスを失うことになるであろう。

　日本では意思決定の際に使う PDCA サイクルが非常に浸透しているので、PDCA については説明不用かとは思うが、PDCA サイクルについて念のため紹介する。

Plan：事業計画の策定を行う。
Do：しかるべ手続きを経て社内で計画が承認されるとプロジェクトが実施する。
Check：実施すると計画どおりに事が運ぶとは限らない。計画と実績のズレを検証する。
Action：必要に応じて改善を行い実行する。
Plan：前期の PDCA の状況を見て、新たな事業計画の策定を行う。
　上記を繰り返すことを、「PDCA サイクルを回す」という言い方を

している。

　ところが、VUCA の時代、不確実性が高く、変化に対してスピードが求められる経営では計画(Plan)をしている余裕はない。また計画(Plan)があるがゆえに不測の事態に柔軟に対応できず、ひいてはビジネスチャンスを逸することにもなりかねない。

　また検証(Check)にこだわるあまり、上司が計画(Plan)と実績(Do)のズレを厳しく詰問するというような時代遅れの経営をしている企業では、部下が最初から検証(Check)しやすい計画(Plan)にするために頭を悩ますとか、上司に PDCA サイクルの状況をみせるために、書類のための書類作りをしなればいけないような弊害が起きている。

　チエット・リチャーズ著、原田勉訳『OODA　LOOP』p.318 ではアップル社のおもしろい話が書かれている。アップル社では 3 か月計画を事業計画といい、1 か年計画を中期計画と呼ぶ。3 か年や 5 か年の計画はドリームと呼んでいるというのである。日本では 3 か年や 5 か年の計画を中期計画と称して練っているようであるが、アップル社に言わせれば、まったく無意味だということだ。

　イノベーションのスピードが速く事前に予想できないことが起きる可能性の高い業界では、計画はかえって足枷になるリスクのほうが高くなるのである。

　VUCA の時代に計画や検証は必ずしも必要ではない。それに代わるのが OODA ループと言われるシステムである。OODA ループはもとはと言えば、元アメリカ空軍大佐で軍事ストラテジー家ジョン・ボイドの戦闘哲学である。東西冷戦終結後、ボイドはこれを、ビジネスを含む現代のコンフリクト哲学の基本原則としたのである。その後、1989 年に米国の経営評論家トム・ピーターズによって紹介された。

　OODA とは何を意味するのか、リチャーズの著書 p.107 から引用する。もとは戦闘哲学であったことを感じさせる表現である。

Observe（観察）：環境を観察しなければならない。環境には自分自身や敵、あるいはその物理的、心理的、精神的状況、潜在的な敵見方

が含まれる。

Orient（情勢判断）：観察したものすべてが何を意味するのかについて情勢判断し、自らを方向づけなければならない。

Decide（意思決定）：ある種の決定を行わなければならない。

Act（行動）：その決定を実行に移さなければならない。つまり行動しなければならない。

　OODA ループは変化が激しい VUCA の時代にふさわしい手法だと思われるが、PLAN が何もないというわけにもいかないように思う。現実的な方法としては長期的には PDCA サイクルを用い、短期的には OODA ループを用いるなど入れ子構造にして組み合わせて用いるのがよいのではないかと筆者は考える。

　また、企業の成長ステージによっても使い方が異なるであろう。スタートアップ企業が起業後しばらくの間、適するのは OODA ループと思われる。

　この OODA ループを高速で回すには組織文化が基礎となる。リチャーズの著書 p.88 から引用する。4 つの属性が必要であるとしている。ジョン・ボイドは「オペレーション成功のための組織文化」と呼んでいる。

①相互信頼：一体感、結束力
②皮膚感覚：複雑で潜在的に混沌とした状況に対する直観的な感覚
③リーダーシップ契約：現場の主導性を高めるミッション（一般に上司と部下との契約）
④焦点と方向性：オペレーションを完遂するためのぶれない軸

　同書では②の皮膚感覚はカッコ書で Fingerspitzengefuhl と書かれている。このドイツ語の原義は「指先の感覚」であるが、通常、「直感的能力・知識」と訳される。この能力は混乱し混沌とした状況の中でも物事の本質を鋭く洞察することができるのである。

市場がコモディティ化した社会では、五感ビジネスが重要になってきている。新車には「新車の香り」をつける。高級車のドアを閉めたときは重厚な音がするようにしている（リンストローム（2005））。

　モスバーガーでは大きな口をあけてハンバーガーをほおばったときの音が、いかにもおいしそうな音がする商品を 2019 年に開発・販売した。ウイルバーの『インテグラル理論』では発達モデルを、ラルーの『ティール組織』では、組織の発展段階を色で表現している。

　学者は当然であるが、ロジカルな考え方にこだわる。しかし、現実の経営においては、直感が重要な地位を占めることを示す多くの見解がある。たとえば、内田（2019）、野中・山口（2019）、佐宗（2019）などである。

　むろん、感・勘・観だけでうまくゆくとは限らず、データ分析を駆使した経営判断とあわせもつことが必要であろう。右脳・左脳双方の活用である。これは必ずしも同一人物が両者について優れた能力を持つ必要はなく、経営者に対して優秀な片腕が補完してくれるということでよいと思われる。

　この片腕は人間とは限らない。人工知能が意思決定に関して補佐役を果たすことも考えられるであろう。

　Society5.0 の時代には、ソーシャルメディアやビッグデータ、人工知能の発達により OODA ループは、当初ジョン・ボイドが考案したよりもはるかに大規模で組織的なものに進化してゆくであろう。

　Observe（観察）の対象は、人間がとらえる以上のビッグデータになるであろう。Orient（情勢判断）は人工知能に学習させて、人間が判断する一助にさせることができるであろう。

　経営者には、右脳を働かせた勘の鋭さが必要であろう。しかしこういう才能に恵まれたリーダーばかりではない。左脳のデータ解析は多くのプロのサポートが可能かと思われるが、右脳の補助は難しいように感ずる。

　そこで経営者の勘といったものを集積し人工知能で分析させ、経営者のサポートを行うのである。

人間の感じる第六感のデータを人工知能で集積・分析したものを筆者は第七感と呼んでいる。このような第七感によるマネジメントは今後開発されることが予想される一つのマネジマント手法だと考える。ただし現実的な適用は今後の筆者の研究課題である。

６．むすびに

　本章の目的は Society5.0 における新しい経営組織や新しい戦略の可能性を考察することであった。VUCA の時代では、経済社会にも様々な変化が生じ、企業は必ずしも従来のように経済社会の中心に位置するとは限らず、インディペンデントワーカーが増加するであろう。

　それにあわせて、企業組織はティール風の組織に変化し、企業同士の「競争」は「共創」へ変わり、ビジネス・エコシステム形成の萌芽の段階では、ティール組織で言うところの「組織に高潔な目的があるとき競争は起きず」に「存在目的」が重要になり、オセロ理論が適用されるであろう。

　オセロ理論の企業関係が拡大していった際のビジネス・エコシステムにおいて、ビジネス・エコシステム同士の「競争」が想定され、ティール組織でいうところの「競争という概念は組織行動に無関係」「進化した組織の存在目的」や「高潔な目的」がどこまで維持されるかは、筆者の今後の研究課題である。

　また意思決定はスピードが要求されるため PDCA サイクルの中の入れ子構造的に OODA ループが取り入れられ、ティール組織でいうところの「組織の存在に耳を傾け、CEO のみならず社員の誰もが感知器（センサー）」や「直感（センシング）」という概念が重要になり、人工知能を活用した第七感マネジメントが模索されてゆくであろう。しかし、人間の第六感と人工知能を融合させる第七感マネジメントに関して実現可能性については筆者の今後の研究課題である。

　このように、経済社会、経営組織、経営戦略のトライアングルは相互に影響しあっていると考えられる。

フィンテック・ベンチャーの勢いの中で、地域金融機関の生き残り戦略をティール組織と関連づけて考察すると、生き残り戦略の一つである原点回帰、コミュニティ総合産業を選んだ場合、その組織はティール組織の概念と親和的なティール風のものになるであろう。

【初出一覧】

第 4 章　メインバンクシステム
加納正二（1996）「地域金融機関におけるメインバンク・システム
　の実証分析」『大阪大学経済学』Vol.46, No.2

第 21 章　地域密着型金融
加納正二（2006）「日本におけるリレーションシップレンディング
　とソフト情報」『国際公共政策研究』（大阪大学）Vol.11, No.1

第 27 章　ビジネス・エコシステムとティール組織
加納正二（2019c）「Society5.0 の新しい経営組織と経営ストラテジ
　ーに関する一考察」生活経済学会中部部会報告、2019 年 12 月 14
　日、於：愛知学院大学
加納正二（2020a）「Society5.0 の新しい経営組織と経営戦略」
　『Review of Economics and Information Studies』岐阜聖徳学園
　大学
加納正二（2020b）「Society5.0 における地域金融機関の戦略」
　『Review of Economics and Information Studies』岐阜聖徳学園
　大学

【参考文献】

朝日新聞（2019）「朝日新聞 EduA」 7月28日号

阿部彩他（2008）『生活保護の経済学』東京大学出版会

新井和宏（2019）『持続可能な資本主義』ディスカバー携書

蟻生俊夫（2015）「日本企業における CSR 体制・活動の財務業績への影響に関する実証分析」日本経営倫理学会誌、第22号

五十嵐沙千子（2019）「対話による共同体：ティール組織の学校」『倫理学』35巻

石川謙（1968）『石田梅岩と「都鄙問答」』岩波新書

石田梅岩著、加藤周一訳（昭和47）「都鄙問答」『日本の名著18』所収、中央公論社

石塚しのぶ（2010）『ザッポスの奇跡』廣済堂出版

稲盛和夫（2014）『京セラフィロソフィ』サンマーク出版

稲盛和夫（2010）『アメーバ―経営』日経ビジネス人文庫

稲盛和夫 Official Site

井上達彦・真木圭亮・永山晋（2011）「ビジネス・エコシステムにおけるニッチの行動とハブ企業の戦略」『組織科学』voi.44,No4.

内田和成（2019）『右脳思考』東洋経済新報社

オープンイノベーション・ベンチャー創造協議会（JOIC）、国立研究開発法人新エネルギー・産業技術総合開発機構（NEDO）（2018）『オープンイノベーション白書第二版』一般社団法人経済産業調査会

大岡敏昭（2007）『幕末下級武士の絵日記』相模書房

大阪府商工労働部金融室（2004）金融新戦略検討委員会『中小企業金融新戦略検討報告書』
http://www.pref.osaka.jp/kinyu/index.html

大阪府商工労働部金融室（2006）「平成18年度大阪府中小企業向け融資制度のご案内」

大阪府商工労働部金融室（2007）「平成19年度（上期）大阪府中小企業向け融資制度のご案内」

大友詔雄（2012）『自然エネルギーが生み出す地域の雇用』自治体研究社

大野敏男（1987）『財務分析の実践活用法』経済法令研究会

加納正二（1998）「審査と貸出金利」『国際公共政策研究』第 2 巻、第 1 号、大阪大学

加納正二（2003a）「業種別実効貸出金利にみる京都金利の実態」湯野勉編『京都の地域金融』日本評論社

加納正二（2003b）「京都のメインバンク関係 1980－2000」湯野勉編『京都の地域金融』日本評論社

加納正二（2003c）「豊かな高齢化社会を築く金融・社会システム」（共著）2002 年度特別託研究、近畿郵政局貯金部

加納正二（2004a）「リレーションシップバンキングが貸出金利に与える影響」『国際公共政策研究』第 8 巻、第 2 号、大阪大学

加納正二（2004b）「リレーションシップバンキングにおけるホールドアップ問題」『国際公共政策研究』第 9 巻、第 1 号、大阪大学

加納正二（2005a）「中小企業金融の経済分析」（共著）2004 年度特別委託研究、日本郵政公社近畿支社貯金事業部

加納正二（2005b）「中小企業の成長性とリレーションシップバンキング－静岡県の事例」『経営情報研究』第 12 巻、第 2 号、摂南大学

加納正二（2005c）「中小企業と地域金融機関のリレーションシップとは何か－大阪府のケーススタディー」『国際公共政策研究』第 9 巻、第 2 号、大阪大学

加納正二（2005d）「リレーションシップと付利行動」堀江康熙編『地域金融と企業の再生』中央経済社

加納正二（2006a）「関西地域におけるリレーションシップバンキングの実証分析と地域金融機関の課題」『大銀協フォーラム平成 16 年度研究助成論文集』第 10 号、社団法人大阪銀行協会

加納正二（2006b）「シンジケートローン業務の取組と地域銀行に及ぼす影響」平成 17 年度日本郵政公社近畿支社委託研究、日本郵政公社近畿支社

加納正二（2006c）「メインバンクを変更する中小企業の特徴」RIETI Discussion Paper Series 06-J-005、独立行政法人経済産業研究所

加納正二（2006d）「日本におけるリレーションシップレンディングとソフト情報」『国際公共政策研究』第 11 巻、第 1 号、大阪大学

加納正二（2007）「リレーションシップバンキングはどのような場合

　に中断されるのか」筒井義郎・植村修一編『リレーションシップバ
　ンキングと地域金融』日本経済新聞社

加納正二（2008a）「地域金融・中小企業金融の研究」『経済学・経営
　学・法学へのいざない』大阪公立大学共同出版会

加納正二（2008b）「日本の中小企業金融におけるソフト情報と財務
　諸表準拠貸出」『経営情報学部論集』第 22 巻、第 1・2 号、中部大
　学

加納正二（2009）「わが国のリレーションシップ貸出と不動産担保」
　『経済研究』第 55 巻、第 1 号、大阪府立大学

加納正二（2018）『地域密着型金融の限界とフィンテック』三恵社

加納正二（2019a）『江戸の働き方と文化イノベーション』三恵社

加納正二（2019b）『令和の日本経済と企業経営の課題―誰もが主役
　になり自分らしく生きる時代―』三恵社

環境省（令和元）『令和元年版環境白書』

観光庁 HP『訪日外国人の消費動向　平成 26 年　年次報告』

鬼頭宏（2010）『文明としての江戸システム』講談社学術文庫

金融ジャーナル『金融マップ各年版』金融ジャーナル社

金融図書コンサルタント社(1997)『平成 10 年版全国信用金庫名鑑』

金融庁（2003）「リレーションシップ・バンキングの機能強化に向け
　て」金融審議会報告書

金融庁（2005）「リレーションシップ・バンキングの機能強化に関す
　るアクションプログラム」

金融庁（2005）「地域密着型金融の機能強化の推進に関するアクショ
　ンプログラム」

金融庁（2016）「平成 28 事務年度　金融行政方針」

金融庁（2017）「平成 29 事務年度　金融行政方針」

金融庁「平成 26 事務年度　金融モニタリング基本方針」

グロービス経営大学院（2014）「『創業三〇〇年の長寿企業はなぜ栄
　え続けるのか』東洋経済新報社

経済産業省（平成 20）「ソーシャルビジネス研究会報告書」

経済産業省（平成 21）「ソーシャルビジネス 55 選」

経済産業省（平成 31）『平成 30 年度なでしこ銘柄』

経済産業省編（令和元）『エネルギー白書 2019』

経済法令研究会編（2007）『金融 CSR 総覧』

厚生労働省「国民生活基礎調査」

厚生労働省（2017）『平成 29 年版労働経済の分析―イノベーションの促進とワーク・ライフ・バランスの実現に向けた課題』(『平成二十九年版労働経済白書』)

厚生労働省（2018）『平成三十年版労働経済の分析―働き方の多様化に応じた人材育成の在り方について』(『平成三十年版労働経済白書』)

国税庁企画課（1974-1994）『税務統計から見た法人企業の実態』

国土交通省観光庁 HP　2020 年 1 月 26 日現在
http://www.mlit.go.jp/kankocho/page04_000053.html

国立社会保障・人口問題研究所「日本の将来推計人口（平成 29 年推計)」

国連貿易開発会議（UNCTAD）著、明石芳彦他訳（2014）『クリエイティブ経済』ナカニシヤ出版

後藤俊夫監修（平成 29）『長寿企業のリスクマネジメント』第一法規

近藤宣之（2018）『社員に任せるから会社は進化する』PHP

斎藤修（2006）「武士と手代―徳川日本の正社員」『日本労働研究雑誌』No.552,July

サイボウズ式（2019）「ティール組織＝全員が幸せになれる組織」とは限らない。
　5 月 8 日 https://cybozushiki.cybozu.co.jp/articles/m005317.html

酒井良清・鹿野嘉昭（1994）『金融システム』有斐閣

Sustainable Japan の HP

佐宗邦威（2019）『直感と論理をつなぐ思考法』ダイヤモンド社

鹿野嘉昭（1994）『日本の銀行と金融組織』東洋経済新報社

重松路威、ロバート・浩・マティス（2017）「IoT エコシステムで競争優位を築く法」『Harvard Business Review』2017 年 6 月号所収

十六総合研究所（2018）『再生可能エネルギーの戦略的活用を通じた地域再生』

総務省（平成 29）『平成 29 年版情報通信白書』

総務省（平成 30）『平成 30 年版情報通信白書』

総務省統計局（2014）『人口推計平成 25 年 10 月 1 日現在』

総務省統計局（2018）「労働力調査（詳細集計）」11月6日付け
総務省統計局（2019）「人口推計―2019年（令和元年）7月報―」
　7月22日付け
世界銀行サイト「世界の貧困に関するデータ」
高橋克英（2010）『アグリビジネス』近代セールス社
竹内洋（1999）『日本の近代12　学歴貴族の栄光と挫折』中央公論
　社
橘木俊詔・安田武彦編（2006）『企業の一生の経済学』ナカニシヤ
　出版
立本博文（2017）『プラットフォーム企業のグローバル戦略』有斐閣
中小企業庁HP「信用補完制度の見直し」
中小企業庁編（2003）「金融環境実態調査」（2002年11月）『中小企
　業白書2003年版』
中小企業庁編（2011）『中小企業白書2011』
中小企業庁編『中小企業白書各年版』
陳潤著、永井麻生子訳（2015）『シャオミ　世界最速1兆円IT企業
　の戦略』ディスカバー・ツエンティワン
通商産業省編（1976）『新しい経営力指標』
塚越寛（2014）『リストラなしの年輪経営』光文社
辻正次他（2019）『新版経済学辞典』中央経済社
都留重人（昭和49）『経済学はむずかしくない』講談社現代新書
帝国データバンク編（2009）『百年続く企業の条件』朝日新書
東洋経済新報社（2011）『CSR企業総覧2012』東洋経済新報社
東洋経済新報社CSRデータ開発チーム（2019）『CSR企業白書2019
　年版』東洋経済新報社
独立行政法人新エネルギー・産業技術総合開発機構『NEDO再生可
　能エネルギー技術白書』第2版
内閣府「国民経済計算」
内閣府（2014）『平成25年版高齢社会白書』
内閣府『平成21年度高齢者の日常生活に関する意識調査』
内閣府（令和元年）『令和元年版経済財政白書』
内閣官房・内閣府総合サイト「地方創生」2020年1月25日現在
　https://www.kantei.go.jp/jp/singi/sousei/index.html
西井一夫（1989）『昭和史全記録』毎日新聞社

日本経済団体連合会（2019）『経営労働政策特別委員会報告 2019』
根来龍之（2018）『プラットフォームの教科書』日経ＢＰ
農林水産省 HP「国内総生産に関する統計」
野中郁次郎・山中一郎（2019）『直観の経営』KADOKAWA
野村総合研究所（2015）「日本の労働人口の 49％が人工知能やロボット等で代替可能に」
野村総合研究所、上田恵陶奈（2017）「AI と共存する未来〜AI 時代の人材〜」
働き方の未来 2035：一人ひとりが輝くために懇談会（2016）報告書
速水融（2003）『近世日本の経済社会』麗澤大学出版会
浜野潔他（2013）『日本経済史 1600−2000』慶應義塾大学出版会
浜野潔（2011）『歴史人口学で学ぶ江戸日本』
平田雅彦（2005）『企業倫理とは何か』PHP 新書
藤田孝典（2015）『下流老人』朝日新聞社
簱康之（2018）「病院組織における経営マネジメント職の人材開発」『現代社会文化研究』No.66.
細川あつし（2015）『コーオウンド・ビジネス』築地書館
細野薫・滝澤美帆（2015）「未上場企業による IPO の動機と上場後の企業パフォーマンス」RIETI,DP,15-J-005.
堀内昭義（1987）「金融機関の機能―理論と現実―」、舘龍一郎・蝋山昌一編『日本の金融Ⅰ 新しい見方』所収、東京大学出版会
洪華・董軍著、配島亜希子訳（2019）『シャオミ』CITIC Press
前川洋一郎・末包厚喜編（2011）『老舗学の教科書』同友館
松田修一（2005）『ベンチャー企業』日経文庫
宮崎康二（2015）『シェアリングエコノミー』日本経済新聞出版社
森下あや子（2014）「老舗企業の持続メカニズムの理論と応用に関する研究：拡大成長から持続型経営へ」博士論文、静岡大学大学院
諸富徹編（2019）『入門 地域付加価値創造分析』日本評論社
山上聰（2017）『金融デジタルイノベーションの時代』ダイヤモンド社
山内昶（1992）『経済人類学の対位法』世界書院
家森信善（2006）「企業が望む金融サービスと中小企業金融の課題」RIETI DP
ユヌス教授のソーシャル・ビジネス制作委員会（2016）『ユヌス教授

のソーシャル・ビジネス』株式会社滋慶出版

横澤利昌編（2000）『老舗企業の研究　百年企業に学ぶ伝統と革新』
　生産性出版

廉薇他（2019）『アントファイナンシャル』みすず書房

A・クリシュナ著、平木いくみ・石井裕明・外川拓訳（2016）『感覚
　マーケティング』有斐閣

アルン・スンドララジャン著、門脇弘典訳（2016）『シェアリングエ
　コノミー』日経 BP 社

ケン・ウイルバー著、加藤洋平監訳、門林奨訳（2019）『インテグラ
　ル理論』日本能率協会マネジメントセンター

ダイアン・マルケイ著、門脇弘典訳（2017）『ギグエコノミー』日経
　BP 社

チエット・リチャーズ著、原田勉訳（2019）『ウーダループ OODA
　LOOP』東洋経済新報社

トニー・シェイ著、本荘修二訳（2010）『ザッポス伝説』ダイヤモ
　ンド社

トマ・ピケティ著、山形浩生他訳（2015）『21 世紀の資本』みすず書
　房

ドラッカー著、上田惇生訳（1993）『ポスト資本主義社会』ダイヤモ
　ンド社

ハーバードビジネス・レビュー編集部（2018）『イノベーションの教
　科書』ダイヤモンド社

バーナード著、山本安次郎他訳（1968）『経営者の役割』ダイヤモン
　ド社

バーリ＝ミーンズ著、北島忠男訳（2002）『近代株式會社と私有財産』
　文雅書店

ブライアン・J・ロバートソン（2016）『ホラクラシー』PHP

フレデリック・ラルー著、鈴木立哉訳（2018）『ティール組織』英
　治出版

フレデリック・ラルー著、中埜博・遠藤政樹訳（2019）『イラスト
　解説ティール組織』技術評論社

プレハーノフ著、木原正雄訳（昭和 42）『歴史における個人の役割』
　岩波書店

マイケル・E・ポーター、M・クラマー著、村井裕訳（2008）「競

争優位の CSR 戦略」『ハーバード・ビジネス・レビュー』1月号、ダイヤモンド社

マイケル・E・ポーター、M・クラマー著、編集部訳（2011）「共通価値の戦略」『ハーバード・ビジネス・レビュー』6月号、ダイヤモンド社

マルコ・イアンシティ、ロイ・レビン著、杉本幸太郎訳（2007）『キーストン戦略』翔泳社

マーチン・リンストローム著、ルディー和子訳（2005）『五感刺激のブランド戦略』ダイヤモンド社

ミルトン・フリードマン著、村井章子訳（2008）『資本主義と自由』日経 BP 社

ムハマド・ユヌス著、猪熊弘子訳（2008）『貧困のない世界を創る』早川書房

ムハマド・ユヌス著、猪熊弘子訳（2010）『ムハマド・ユヌス自伝』早川書房

ムハマド・ユヌス著、千葉敏生訳（2010）『ソーシャル・ビジネス革命』早川書房

ムハマド・ユヌス著、山田文訳（2018）『3つのゼロの世界』早川書房

ヨハネス・ヒルシュマイヤー、由井常彦（昭和 52）『日本の経営発展』東洋経済新報社

リンダ・グラットン著、吉田晋治訳（2014）『未来企業』プレジデント社

Angelini, P., Di Salvo, R. and Ferri, G. [1998]. "Availability and Cost for Small Businesses:

Customer Relationships and Credit Cooperatives." Journal of Banking and Finance, vol. 22, pp.925-54.

Aoki, M.and Patrick, H. [1994]. The Japanese Main Bank System, Oxford University Press.

Berger, A. and Udell, G. [1995]. "Relationship Lending and Lines of Credit in Small Firm Finance." Journal of Business, vol.68, pp.351-82.

Berger, A. and Udell, G. [1998]. "The Economics of Small Business Finance: The Roles of Private Equity and Debt Markets in the Financial Growth Cycle." Journal of Banking and Finance, vol.22, pp.613-73.

Berger, A. and Udell, G. [2001]. "Small Business Credit Availability and Relationship Lending: The Importance of Bank Organizational Structure." FRB Finance and Economics Discussion Series, 2001-36.

Berger, A., N. Miller, M. Petersen, M. Rajan and J. Stein. [2004]. "Does Function Follow Organizational Form? Evidence from the Lending Practices of Large and Small Banks. " NBER Working Paper Series, No.8752.

Berlin, M. and Mester, L. [1998]. "On the Profitability and Cost of relationship lending." Journal of Banking and Finance, vol.22, pp.873-97.

Blackwell, D. W., Winters, D. B. [1997]. "Banking Relationships and the Effect of Monitoring on loan pricing." Journal of Financial Research, vol.20, pp.275-89.

Boot, A. W. A. [2000]. "Relationship Banking: What Do we know?" Journal of Financial Intermediation, vol.9, No.1, pp.7-25.

Carl Benedikt Frey and Michael A. Osborne [2013].The Future of Employment: How Susceptible are Jobs to Computerisation?

Cole, R. [1998]. "The Importance of Relationships to the Availability of Credit." Journal of Banking and Finance, vol.22, pp.959-77.

Degryse, H. and Van Cayseele, P. [2000]. "Relationship Lending within a Bank-Based System: Evidence from European Small Business Data." Journal of Financial Intermediation, vol.9, No.1, pp90-109.

DeYoung, R., Goldberg, Land White, L. [1999]. "Youth, Adolescence, and Maturity at Banks: Credit Availability to Small Business in Era of Banking Consolidation." Journal of Banking and Finance, vol.23, pp.463-92.

Chet Richards [2004]. *Certain to Win*, Xlibris Corporation.

Elsas, R. [2005]. "Empirical Determinants of Relationship

Lending." Journal of Financial Intermediation, vol.14, pp.32-57.

Elsas, R. and Krahnen, J. [1998]. "Is Relationship Lending special? Evidence from Credit-File data in Germany." Journal of Banking and Finance, vol.22, pp.1283-316.

Frederic Laloux [2014]. *Reinventing Organization: A Guide to Creating Organizations Inspired by the Next Stage of Human Consciousness,* Nelson Parker.

Fried, J. and P.Howitt [1980]. "Credit Rationing and Implicit Contract Theory." Journal of Money, Credit, and Banking, vol.12, No.3, Aug. pp.471-87.

Gilbert, R. A. [1984]. "Bank Market Structure and Competition: A Survey." Journal of Money, Cedit, and Banking, vol.16, No.4, pp.617-60.

Global Sustainable Investment Alliance [2018]. *2018 Global Sustainable Investment Review*

Greenbaum, S., Kantas, G. and Venezia, I. [1989]. "Equilibrium Loan Pricing under the Bank-Client Relationship." Journal of Banking and Finance, vol.13, pp.221-35.

Hancock, D. and Wilcox, J. [1998]. "The Credit Crunch and the Availability of Credit to Small Business." Journal of Banking and Finance, vol.22, pp.983-1014.

Harhoff, D. and Koerting, T. [1998]. "Lending Relationships in Germany: Empirical Results from Survey Data." Journal of Banking and Finance, vol.22, pp.1317-54.

Hauswald, R. and R. Marquez [2006]. "Competition and Strategic Information Acquisition in Credit Markets," Review of Financial Studies, vol.19, pp.967-1000.

Heinbach K., Aretz A., Hirschl B., Prahl A., Salecki S (2014) Renewable energies and their impact on local value added and employment, Energy, Sustainability and Society 2014, 4(1):1-10.

Hodgman, D. R. [1963]. Commercial Bank Loan and Investment Policy. Bureau of Economic and Business Research,

University of Illinois, Urban-Champaign.

Hong Kong Special Administrative Regional Government [2005]. *A Study on Creative Index.*

Horiuchi, T. [1994]. "The Effect of Firm Status on Banking Relationships and Loan Syndication. In Aoki, M. and Patrick, H. eds., The Japanese Main Bank System, pp.258-94, Oxford, Oxford University Press.

Horiuchi, T., Packer, F. and Fukuda, S. [1988]. "What Role Has the Main Bank Played in Japan?" Journal of Japanese and International Economies, vol.2, pp.159-80.

Houston, J. and James, C. [1996]. "Bank Information Monopolies and the Mix of Private and Public Debt Claims." Journal of Finance, vol.51, pp.1863-89.

Howkins, John [2001]. *The Creative Economy: How People Make Money from Ideas.* London, Penguin.

Jayaratne, J. and Wolken, J. [1999]. "How Important are Small Banks to Small Business Lending? New Evidence from a Survey to Small Business." Journal of Banking and Finance, vol.23, pp.427-58.

Jovanovic, B. [1979]. "Job Matching and Theory of Turnover." Journal of Political Economy, vol.87, No.5, pp.972-90.

Kano Masaji and Yoshiro Tsutsui [2003a]. "Geographical Segmentation in Japanese Bank Loan Markets." Regional Science and Urban Economics, vol.33, No.2. pp.157-174.

Kano Masaji and Yoshiro Tsutsui [2003b]. "Adjusted Interest Rates and Segmentation Hypothesis of Japanese Bank Loan Markets." Osaka Economic Papers, June, vol.53, No.1, pp.1-15.

Ongena, S. and Smith, D.C. [2000a]. "Bank relationships: A Review." In Patrick T. Harker and Stavros A.Zenios, eds., Performance of Financial Institutions, Cambridge University Press, Cambridge, U.K.

Ongena, S. and Smith, D.C. [2000b]. "What Determines the Number of Bank Relationships? Cross-Country Evidence."

Journal of Financial Intermediation, vol.9, pp.26-56.

Ongena, S. and Smith, D.C. [2001]. "The Duration of Bank Relationships." Journal of Financial Economics, vol.61, pp.449-75.

Peek, J. Rosengren, E. [1998]. "Bank Consolidation and Small Business Lending: It's not just Bank Size that Matters." Journal of Banking and Finance, vol.22, pp.799-820.

Petersen, M. and Rajan, R. [1994]. "The Benefit of Lending Relationships: Evidence from Small Business Data." Journal of Finance, vol.49, pp.3-37.

Petersen, M. and Rajan, R. [1995]. "The Effect of Credit Market Competition on Lending Relationships." Quartely Journal of Economics, vol.110, pp.407-43.

Sheard, P. [1989]. "The Main Bank System and Corporate Monitoring and Control in Japan." Journal of Economic Behavior and Organization, vol.11, No.3, pp.399-422.

Sharpe, S. A. [1990]. "Asymmetric Information, Bank Lending and Implicit Contracts: A Stylized Model of Customer Relationships." Jouranal of Finance, vol.45, pp.1069-87.

Strahan, P. and Weston, J. [1998]. "Small business lending and the changing structure of the banking industry." Journal of Banking and Finance, vol.22, pp.821-45.

Sunamura, S. [1994]. "The Development of Main Bank Managerial Capacity." In Aoki, M. and Patrick, H., eds., The Japanese Main Bank System, pp.258-94, Oxford, Oxford University Press.

Thakor, A. and Udell, G. [1987]. "An Economic Rationale for the Pricing Structure of Bank Loan Commitments." Journal of Banking and Finance, vol.11, pp.271-89.

Thakor, A. [2000]. "Editorial Overview: Relationship Banking." Journal of Financial Intermediation, vol.9, pp.3-5.

UNCTAD [2010]. *Creative Economy Report 2010.*

Wood, J. H. [1975]. Commercial Bank Loan and Investment Behavior. Wiley, New York.

著者紹介

加納正二（かのう　まさじ）

大阪大学大学院国際公共政策研究科博士後期課程修了。博士(国際公共政策)。
大阪大学助手、大阪府立大学教授等を経て、
現在、岐阜聖徳学園大学経済情報学部教授。専門は日本経済論

主要著書
『江戸の働き方と文化イノベーション』三恵社
『令和新時代の金融知識―就活学生と新社会人のために―』三恵社
『令和の日本経済と企業経営の課題―誰もが主役になり自分らしく生きる時
　代―』三恵社
『地域密着型金融の限界とフィンテック』三恵社
『江戸の経済と商人』三恵社
『リレーションシップバンキングと地域金融』日本経済新聞社（共著）
『地域金融と企業の再生』中央経済社（共著）（中小企業研究奨励賞準賞）
『京都の地域金融』日本評論社（共著）
『経済学・経営学・法学へのいざない』大阪公立大学共同出版会（共著）
『新版　経済学辞典』中央経済社（共著）

日本経済の軌跡と明日

2020年3月20日　　初版発行	
2022年3月 1日　　第3刷発行	

著　者　　加納　正二
表紙デザイン　加納　博

発行所　　株式会社　三恵社
〒462-0056 愛知県名古屋市北区中丸町2-24-1
TEL 052 (915) 5211
FAX 052 (915) 5019
URL http://www.sankeisha.com

ISBN978-4-86693-221-7